AS LEIS DA VENDA

A Lei do Cliente
O cliente é o rei.

A Lei da Especialidade
Conquiste-a.

A Primeira Lei da Prospecção de Clientes
Faça.

A Segunda Lei da Prospecção de Clientes
Qualifique-os.

A Lei do Questionamento
Faça perguntas.

A Lei do Ouvir
Não fale.

A Primeira Lei da Necessidade
Crie-a.

A Lei da Variação
Maximize-a.

A Lei dos Benefícios
Tenha-os.

A Segunda Lei da Necessidade
Supra-a.

A Lei do Preço
Não o reduza.

A Lei do Pedido
Feche-o.

A Lei da Simplicidade
Seja simples.

A Lei dos Relacionamentos Duradouros
Vá além.

CB018733

Os estudos de caso nas páginas a seguir contêm lições de profissionais de vendas bem-sucedidos que praticam ativamente as leis da venda.

ESTRATÉGIAS DE
VENDAS

Como utilizar a Arte da Guerra para construir
relacionamentos duradouros com seus clientes
e ser bem-sucedido nas vendas

SUN TZU

M.Books do Brasil Editora Ltda.

Rua Jorge Americano, 61 - Alto da Lapa
05083-130 - São Paulo - SP - Telefones: (11) 3645-0409/(11) 3645-0410
Fax: (11) 3832-0335 - e-mail: vendas@mbooks.com.br
www.mbooks.com.br

Dados de Catalogação na Publicação

Michaelson, Gerald A.
Estratégias de Vendas/Gerald A. Michaelson
2013 – São Paulo – M. Books do Brasil Editora Ltda.
1. Marketing   2. Estratégia   3. Negócios
ISBN: 978-85-7680-215-0

Do original: Strategies for Selling
© 2004 by Gerald A. Michaelson
© 2013 M. Books do Brasil Editora Ltda.
Todos os direitos reservados.
Original em inglês publicado por: McGraw-Hill.
Uma divisão da The McGraw-Hill Companies

EDITOR
MILTON MIRA DE ASSUMPÇÃO FILHO

Produção Editorial
Lucimara Leal

Tradução
Laura B. Ferrari

Coordenação gráfica
Silas Camargos

Diagramação
Crontec

Sumário

Parte III

Parte IV

Este livro é dedicado a honrar a adorável memória do maior profissional de vendas que já conhecemos: Alexander Knute Michaelson.

Prefácio

Pergunta: O que um livro intitulado *A Arte da Guerra* pode nos ensinar sobre a profissão de vendas?

Resposta: Podemos aprender muito porque o livro é, na verdade, sobre vencer sem conflito – a cruzada da venda bem-sucedida.

O livro de Sun Tzu foi escrito para ajudar os imperadores a pensar em vencer sem lutar. Imagine só! Um dos livros mais antigos da história é sobre o pensamento ganha-ganha – a essência das vendas. A vitória do vendedor deve ser a vitória do cliente.

A Arte da Guerra foi elaborado para ajudar os imperadores a:

Vencer sem lutar.

— ou —

Vencer se for necessário se envolver no conflito.

Estes conceitos ajudam os profissionais de vendas a:

Vencer antes de se envolver em uma batalha competitiva.

— ou —

Vencer ao realizar uma venda contra os concorrentes.

Os conceitos fundamentais para vencer não mudaram. Podemos buscar os fundamentos em Sun Tzu e trazer sua simples sabedoria para os tempos modernos, aplicando-os para obter sucesso nas vendas.

Vender é o máximo da diplomacia nas negociações comerciais – todas as atividades existem para apoiar as vendas.

Tradicionalmente, vender envolvia a capacidade de um indivíduo sozinho – como Arthur Miller escreveu: "um homem que, mesmo triste, sorria e mantinha seus sapatos limpos".

Hoje, vender é a vocação duradoura de homens e mulheres que trabalham em equipes para coordenar serviços para os consumidores. Mesmo quando não exista um time de vendas formal, o trabalho em equipe informal é, muitas vezes, necessário.

Quando os conceitos de Sun Tzu são aplicados às vendas, todos se beneficiam, porque quase tudo que fazemos envolve a venda. O conhecimento das estratégias e táticas de vendas pode melhorar os negócios e a vida pessoal.

Nosso objetivo é utilizar a sabedoria atemporal de Sun Tzu para cristalizar e reforçar os conceitos para realizar vendas com sucesso. Embora nada seja realmente novo, tudo pode ser visto de uma nova maneira. O antigo funciona; integre o novo, e o resultado será melhor.

Este livro utiliza passagens selecionadas de *A Arte da Guerra* para enfatizar os principais conceitos de vendas:

- **a Parte I organiza as forças pessoais;**
- **a Parte II focaliza o planejamento;**
- **a Parte III inicia a ação;**
- **a Parte IV estrutura os relacionamentos de vendas bem-sucedidos;**
- **a Parte V traz a sabedoria da experiência prática.**

Nosso comentário, ao aplicar a sabedoria atemporal de Sun Tzu, tem como base a experiência prática no trabalho com consumidores em todos os estados norte-americanos e em vários países. Nós nos baseamos em nossas experiências profissionais em compras e vendas.

O seu sucesso na aplicação da sabedoria atemporal de Sun Tzu será o nosso sucesso. Desejamos a você um sucesso contínuo.

Gerald A. Michaelson

Steven W. Michaelson

SunTzu@TeamMichaelson.com

Parte I

Sabedoria da Força Pessoal

 Sun Tzu escreveu *A Arte da Guerra* em tiras de bambu aproximadamente 500 anos a.C. Esse clássico da estratégia militar oriental enfoca o "vencer sem lutar". Por outro lado, muito da estratégia ocidental enfoca "lutar grandes batalhas" como caminho para a vitória.

Embora a sabedoria atemporal das estratégias fundamentais de venda não tenha mudado, a execução tática mudou.

OS NOVOS RELACIONAMENTOS

O mundo dos negócios está mudando a maneira de lidar com os conflitos que possam existir entre os interesses do comprador e do vendedor para buscar um consenso contínuo.

Esse consenso é mais visível em relacionamentos entre empresas, na forma de acordos de parceria, nos quais duas organizações compartilham recursos visando a um objetivo comum.

Nos relacionamentos diretos com o cliente, essa busca pelo consenso na compra pode ser vista em programas de fidelidade à marca e em níveis de qualidade que agradem o consumidor.

Muitos profissionais de vendas estão fazendo a transição entre tentar fazer negócios com muitos consumidores potenciais e uma nova função de gerenciar e facilitar relacionamentos consistentes com um grupo seleto de consumidores atuais.

Em todas as situações de vendas, a ênfase está em construir e manter um relacionamento de longo prazo. Não é que você não queira que os consumidores pesquisem para comprar; você apenas quer que seu relacionamento total com o cliente seja tão consistente que ele nem *pense* em procurar outro lugar para comprar. O ponto-chave não é como fazer a venda, e sim estabelecer um relacionamento que gere negócios contínuos.

Resumindo: o processo de venda é um relacionamento duradouro com o consumidor.

TRABALHO EM EQUIPE

No novo mundo da concorrência global, a força do vendedor sozinho não é suficiente. O que vence é o poder da equipe voltada para o consumidor.

O papel do profissional de vendas é ser membro (ou líder) de uma equipe voltada para o cliente.

Sua força será maior se a força de todos da equipe estiver concentrada em fechar vendas.

O trabalho em equipe de vendas, assim como nos esportes, é a soma de esforços individuais visando a um objetivo comum. No futebol, alguns jogadores rendem mais em certas posições, e isso também acontece em equipes de negócios. Aplicando a metáfora do futebol americano aos negócios, designações apropriadas aos membros da equipe podem ser: treinador, quarterback, meia e recebedor.

SEU PAPEL SEMPRE MUDA

Como membros de equipe, precisamos ter a capacidade de nos adaptarmos aos diferentes papéis. Cada oportunidade de venda é diferente, e cada uma delas requer o uso das nossas habilidades de maneira diferente.

Nos anos 90, um famoso jogador de futebol americano, Dion Sanders, tinha a habilidade de jogar em diversas posições. Sanders retornava chutes, jogava na defesa e às vezes era um receptor ofensivo. Seu ponto forte em qualquer posição era a velocidade.

Em cada posição diferente, Sanders utilizava suas habilidades de maneira diferente. No ataque, usava sua velocidade para percorrer o percurso estabelecido e ultrapassar a barreira. Na defesa, Sanders utilizava a velocidade para buscar a oportunidade de agarrar o adversário no momento em que desejasse.

Do mesmo modo, se vendemos da mesma maneira e não mudamos, não acompanhamos a concorrência mundial. Se não apresentamos novas ideias e conceitos aos nossos clientes, nossos concorrentes oferecem essas novas ideias. A única maneira de permanecer em primeiro lugar é a mudança contínua.

Aqui estão diversos exemplos de como o papel das vendas está mudando. E estes cenários de mudança estão se repetindo em vários relacionamentos comerciais.

- Os fabricantes estão reduzindo drasticamente o número de fornecedores. Isso quer dizer que muitos vendedores estão perdendo clientes. Se você não está na lista dos fornecedores preferidos, está do lado de fora, olhando.

- Os fornecedores que sobrevivem ao corte percebem que é necessário um estilo de relacionamento totalmente novo para mobilizar seus recursos corporativos a fim de servir o cliente.

- Com o crescimento do Wal-Mart, a Procter & Gamble reorganizou toda a sua estrutura de vendas que servia esse cliente. Anos atrás, vários vendedores viajavam para a matriz do Wal-Mart em Bentonville, Arkansas. Hoje, uma grande quantidade de funcionários qualificados da P&G moram perto de Bentonville para fornecer o melhor serviço possível ao Wal-Mart.

No novo paradigma emergente de vendas, a ênfase está em equipes que cultivem relacionamentos duradouros com os consumidores. A grande dificuldade em entender o novo paradigma de vendas está no fato de que o antigo paradigma da venda individual ainda funciona em algumas circunstâncias.

Quando uma mudança ocorre em um paradigma dos negócios, não quer dizer que esse paradigma seja totalmente novo. O que é verdadeiro sobre o paradigma sempre foi verdadeiro. Simplesmente, um número significativo de pessoas começa a entender que uma nova metodologia funciona melhor.

Dizer que as equipes representam a forma melhor de vender ou que os relacionamentos duradouros são importantes não quer dizer que os fundamentos da venda tenham mudado. O novo paradigma das vendas simplesmente reconhece a importância da situação na qual as pessoas que trabalham em equipe desenvolvem um relacionamento de serviços duradouros com um consumidor.

Essa situação é muito parecida com a mudança de estilo para o ganhar a competição do salto em altura. Os saltos nos estilos tesoura e rolo foram superados pelo "Fosbury Flop"*. O método antigo ainda funciona, mas não ganha campeonatos.

Para entender melhor como implementar o novo paradigma de vendas, comece com seu maior cliente e pense no que você faria se ele fosse seu único cliente. Faça uma reunião com a equipe sobre isso, faça um planejamento por escrito e implemente-o. Depois, prossiga para seu próximo maior cliente, e assim por diante.

Você descobrirá que o que precisa ser feito para manter um cliente é semelhante para todos os demais. Esse processo ativo pode ser muito diferente do que aquilo que você faz atualmente para servir esses consumidores.

Fazer esse exercício o ajudará muito a melhorar sua compreensão do seu papel que sempre muda.

A QUALIDADE DO
SEU PAPEL PROFISSIONAL

A moeda da qualidade tem dois lados. Um lado é a qualidade inserida em seu produto ou serviço. O outro lado é a qualidade da experiência em vendas percebida pelo consumidor.

Normalmente, pensamos apenas na primeira dimensão da qualidade – que é intrínseca ao produto ou serviço. Isso nos leva a pensar que a qualidade é de responsabilidade de outra pessoa na empresa. A percepção que o cliente tem da qualidade *é* uma responsabilidade do profissional de vendas. Essa responsabilidade inclui tudo que fazemos em nosso relacionamento com o consumidor, assim como nossos esforços para melhorar a qualidade do desempenho do produto ou serviço que vendemos.

---

* N. da T.: Nos Jogos Olímpicos de 1968, o americano Dick Fosbury surpreendeu a todos ultrapassando o sarrafo de costas. Esse novo estilo passou a ser conhecido por "Flop" e hoje tem a preferência da maioria dos saltadores, de todos os níveis.

Por ser a pessoa que tem mais contato com o cliente, o vendedor tem a responsabilidade de agir como um condutor de dados entre a empresa e o consumidor. Nossa credibilidade com as pessoas que recebem a informação fica prejudicada quando transmitimos apenas opiniões. O que conta é a informação. Em alguns casos, pode ser prudente apresentar estatísticas que mostrem o desempenho do produto ou do processo. Em outros casos, pode ser útil apresentar os dados de maneira organizada.

Nos exércitos, os quartéis-generais têm problemas com relatórios de campo que descrevem "fogo pesado" ou "fogo intenso" porque esses termos têm significados diferentes para pessoas diferentes. Um problema similar existe nos negócios quando os relatórios de campo são muito gerais, como, por exemplo, aqueles que mencionam "entregas atrasadas" ou "muitas devoluções". Para conseguirmos melhores resultados com nossos clientes, os dados devem ser quantificados, por exemplo, da seguinte maneira: "quantas vezes a entrega atrasou e quantos dias". Recolha a informação durante um período de tempo – no mínimo 30 dias.

Dados são úteis não apenas dentro da empresa, mas também para argumentar com os clientes. Considere esta situação: um vendedor estava quase perdendo um cliente porque o desempenho do produto não estava de acordo com as especificações. Nosso profissional de vendas reuniu seus colegas, coletou dados sobre o desempenho do produto e os apresentou ao cliente. Os dados provaram que o cliente estava certo – o desempenho do produto não estava de acordo com as especificações. O consumidor ficou tão impressionado com a honestidade da afirmativa e com a apresentação precisa do problema que concordou em trabalhar com o fornecedor para melhorar o desempenho. Imagine como a percepção da integridade pessoal melhorou com essa troca.

O cliente quer desempenho, o que significa que não devemos dar desculpas agora ou no futuro. Evitamos melhor as desculpas quando criamos circunstâncias que reduzam a possibilidade de falhas. Alguém já disse, muito apropriadamente: "Existem apenas dois tipos de situações. Aquelas em que você tem boas desculpas para explicar por que não fez tudo corretamente e aquelas em que tudo é feito corretamente!". Planeje não dar desculpas!

O desempenho do *relacionamento todo* é como o cliente avalia a qualidade de sua experiência. Essa "avaliação total" é uma dimensão vital da qualidade. Pense sobre isto: você não voltará a determinado restaurante se a comida *ou* o serviço forem ruins. O baixo desempenho em um deles fará com que não retorne. Também é assim nas vendas. O baixo desempenho nos serviços pode anular o valor de um excelente produto, e o serviço excelente raramente salva um produto ruim.

Para alcançar o mais alto nível de qualidade para seus clientes, você deve possuir relacionamentos de qualidade dentro de sua empresa. Isso requer os seguintes tipos de pensamento em relação aos relacionamentos:

- *Clientes internos*: Alguém entrega um produto ou serviço para outra pessoa. Esta outra pessoa é o cliente.

- *Envolvimento*: Todos estão envolvidos na qualidade porque todos têm uma contribuição a fazer.

- *Trabalho em equipe*: A equipe busca informações e faz contribuições. O individualismo está fora. O trabalho em equipe, não.

Quanto mais você entende como a qualidade é alcançada, mais capacidade terá de vender seu produto ou serviço em termos significativos para o consumidor.

A qualidade do seu serviço é importante, porque uma das causas principais da insatisfação do consumidor em relação aos processos está associada à venda e à entrega do produto.

Serviço de qualidade em vendas é tudo que fazemos para encantar o consumidor: é a maneira como atendemos ao telefone. É o profundo conhecimento que temos do nosso produto ou serviço, consumidor, mercado, setor e o mundo. É cumprir as promessas que fazemos. É fazer nossa lição de casa e estar preparados. É ser pontual. É ser meticuloso. É ser prestativo. É ter uma conduta completamente profissional.

Somos os produtores primários da qualidade do serviço dos nossos próprios processos de vendas. Se não trabalharmos sempre na melhoria da qualidade em vendas, ela se deteriorará. A melhoria contínua em tudo o que fazemos é o preço para conseguir e manter uma boa reputação em qualidade.

A qualidade em vendas começa quando descobrimos o que o cliente quer. Aquilo que o cliente quer muda constantemente; a estrada para a qualidade em vendas não tem fim. Para colocar de maneira simples, quem determina a qualidade é o consumidor.

SUA FORÇA

Sua força pessoal é muito parecida com um prédio. Primeiro, precisamos erguer uma fundação sólida do que somos, do que sabemos, de nossas crenças e valores.

O segundo elemento da força de qualquer estrutura é uma moldura sólida. Seu autoconhecimento e sua autodireção são a moldura que determina sua força.

1
Conheça o Inimigo

Nós somos nossos próprios inimigos!
— "General" Pogo

Pogo, o filósofo dos quadrinhos, declarou a seu amigo Alberto, o jacaré: *"Nós somos nossos próprios inimigos!"*. Sun Tzu provavelmente tinha um ego grande demais para fazer uma declaração como essa, mas Pogo entendeu perfeitamente. Nossa primeira e mais importante batalha é conosco.

Saber que, com muita frequência, *o inimigo somos nós* ajuda a entender o mais importante componente do sucesso. Para ter certeza de que você não é inimigo do seu próprio sucesso, procure se aconselhar com pessoas interessadas no seu sucesso, mas não diretamente envolvidas no planejamento ou execução do processo.

Nós não enxergamos nossas fraquezas e estamos condenados a repetir nossos erros, a menos que procuremos conselhos de fora, que nos mostrarão claramente onde estamos lutando contra nós mesmos.

Tome cuidado com a tendência de ouvir apenas o que quer ouvir e usar essa informação para reforçar suas convicções. Esse processo pode se tornar uma espiral sem fim. Alguém já disse, sabiamente, que, quando uma pessoa fica centrada em si mesma, qualquer risco é grande demais, porque tanto o sucesso quanto o fracasso a destruirá.

No exército, assim como nos negócios, os departamentos que se saem melhor são os que têm a melhor liderança. Quando perguntei ao meu departamento de vendas quais eram as melhores filiais de uma rede específica, eles as identificaram imediatamente. Quando perguntei o que fez com que essas lojas sobressaíssem, todos disseram prontamente que o gerente da filial fazia a diferença. Quando perguntei o que fazia a diferença entre o alto e o baixo desempenho no campo das vendas, eles entenderam a mensagem. Nós fazemos a diferença.

Seja tão crítico com você mesmo quanto o é com os outros. Quando encontrar de fato o inimigo, dirija-se ao responsável. Seu sucesso é um produto seu. É muito importante gostar de si mesmo e de tudo aquilo que você faz diariamente. Comprometa-se com sua fé, sua família e sua empresa – nesta ordem. Desenvolva bons hábitos.

Vince Lombardi é estimado como treinador profissional vencedor e como uma boa pessoa. Durante o período em que foi técnico de futebol do Green Bay Packers, perdeu somente uma partida da temporada – a primeira. Depois, levou o time a nove vitórias consecutivas na temporada.

Punia duramente os jogadores quando se atrasavam para as reuniões, e, em razão disso, eles aprenderam a ser pontuais. "A hora de Lombardi" se tornou um termo para especificar a necessidade de chegar cedo para os compromissos. Uma ótima ideia para todos os profissionais de vendas. Aqui estão alguns outros princípios de Lombardi a serem considerados:

- Seja cuidadoso e meticuloso em suas análises. Faça anotações. Organize e arquive.
- Educação visual é muito melhor do que simplesmente falar com as pessoas.
- Não faça planos pequenos. Faça grandes planos.
- Se você não tentar inovar, alguém criará algo melhor.
- A capacidade deve sempre exceder a inteligência.
- Admita seus erros.
- Batalhas são ganhas, em primeiro lugar, nos corações dos homens (e mulheres).

- O sucesso é 75% mental.
- Esteja disposto a arriscar. *Jogue a bola!*
- A medida de uma pessoa é como ela encara o fracasso.
- Se você pudesse ter vencido, deveria ter vencido.

SABEDORIA ATEMPORAL

Todo profissional que vende algo determina a aceitação de um produto do serviço chamado "eu". Concentre-se em conquistar objetivos supremos. Você e seus clientes merecem o melhor. Seja o melhor.

2

O Conhecimento Leva à Vitória

 A preparação inteligente é tudo. Vendas bem-sucedidas requerem uma vida inteira de aprendizado sobre consumidores, produtos, serviços, setor e a arte e a ciência das vendas.

O conhecimento necessário estende-se a cada área do nosso ser e do nosso universo profissional. Cada pessoa é responsável pelo conhecimento adequado dos componentes que afetam seu sucesso ou seu fracasso.

AUTOCONHECIMENTO

Conheça seus pontos fracos. Conheça seus pontos fortes. Embora seja importante reconhecer e melhorar seus pontos fracos, o melhor investimento é reforçar seus pontos fortes.

Melhorar o que você faz de melhor traz melhores resultados.

Alguém já disse que não é a história que se repete, e sim os erros da história que se repetem. Evite a armadilha de repetir os mesmos erros.

Entender a si mesmo é um dos componentes básicos de sistemas de identificação de perfis de personalidade, como o Indicador de Tipo Myers-Briggs (MBTI). O autoconhecimento pode ser muito útil para determinar como se comunicar com seu cliente.

Os perfis de personalidade ajudam-nos a entender nossas próprias preferências de personalidades. Quanto mais soubermos sobre nossas próprias preferências, mais fácil será entendermos as preferências dos outros. Um bom autoconhecimento pode ajudá-lo a entender o seu cliente e a se adaptar à personalidade dele.

Por exemplo, o MBTI afirma que as pessoas têm preferência ou por pensar ou por sentir quando tomam decisões. Os racionais tendem a decidir utilizando a lógica; os sentimentais decidem com base na emoção. Embora a maioria de nós empregue tanto a lógica quanto a emoção no processo de decisão, cada um tem preferência por um estilo ou outro.

Em um nível mais profundo, alguns racionais têm uma preferência sensorial – ou seja, preferem uma lista de fatos precisos. Outros têm uma preferência intuitiva – ou seja, querem ter uma visão geral das opções para que possam determinar como usar o produto ou serviço.

Se não tivermos consciência das diferentes preferências ao tomar decisões, assumimos que todos tomam decisões da mesma maneira que nós. Ao entender que existem diferentes preferências ao tomar decisões, tornamo-nos mais conscientes da necessidade de observar a preferência de nossos clientes. Obviamente, uma apresentação repleta de lógica pode ser um desperdício com um cliente que tende a decidir com base na emoção.

CONHECIMENTO DOS NEGÓCIOS

O regulamento do exército da República Popular da China declara: "Todo comandante deve organizar uma patrulha de reconhecimento dentro da sua zona de atividades". Seu objetivo é saber mais do que qualquer outro sobre seu setor e sua área de responsabilidade. Esse conhecimento começa com a leitura de publicações comerciais e fontes de notícias e continua com qualquer outra fonte de informações. A busca é sempre por novas oportunidades.

Saber não é o suficiente. Como seu produto ou serviço é vendido por departamentos de vendas, é necessário treinar esse pessoal. O melhor treinamento é o interativo. Nas reuniões de vendas, faça perguntas para obter informações. Uma das minhas favoritas é quando o líder simplesmente identifica um produto ou serviço e pergunta: "Quais são as características mais importantes para vendê-lo?" Se um participante responde com uma característica, ele pergunta sobre os benefícios. Continua perguntando até que o grupo fique sem respostas, e depois descobre que há outros benefícios a acrescentar. Todos aprendem, incluindo o líder da reunião, que obtêm novas características e benefícios para utilizar na próxima reunião. O nível de atenção é alto porque as pessoas participam ativamente.

Quando seus clientes forem executivos, pense em como os programas de treinamento podem ajudá-los a ter ainda mais sucesso. Reúna um grupo para entrar em contato com especialistas em várias áreas de gerenciamento, tais como sistemas de informação, contabilidade, tributos, gerenciamento de recursos humanos e recrutamento. Saber contratar e cultivar as pessoas boas é o ingrediente principal do sucesso de qualquer negócio. As melhores empresas possuem as melhores pessoas. Fornecer esse conhecimento profissional é um serviço que fará com que você seja um recurso mais valioso para seus clientes. Igualmente importante, o conhecimento que você adquire com essas reuniões será útil para o crescimento da sua própria carreira.

CONHECIMENTO DO CONSUMIDOR

A venda bem-sucedida é feita *antes* da reunião com o cliente, e não *durante* a reunião.

O conhecimento do consumidor é uma das ciências da venda. Fazer a pesquisa necessária é um selo de qualidade do profissional de vendas. A pesquisa necessária estende-se para além dos conhecimentos gerais de negócios e chega ao conhecimento específico de seus consumidores e dos negócios deles. Pense como um cliente: coloque-se no lugar dele.

Embora o reconhecimento da necessidade de conhecer o consumidor não seja novidade, o termo *gestão do relacionamento com os clientes* (CRM) é novo em vendas e marketing. Ele enfatiza a importância de conhecer pessoalmente seus clientes e de se relacionar com eles com base nesse conhecimento. Você nunca saberá o bastante sobre seu cliente. Faça anotações depois de cada reunião. Mantenha um arquivo e revise-o regularmente.

Na extremidade final dos muitos canais de venda existem diversos consumidores, que devem ser satisfeitos. Precisamos de todo conhecimento sobre as motivações de compra desses consumidores. Nas vendas entre empresas, você ganha quando sabe mais sobre as motivações de compra do cliente do seu cliente do que seu próprio cliente sabe.

SABEDORIA ATEMPORAL

Conheça a si mesmo, sua empresa e seus clientes, e seu negócio nunca estará em perigo.

3

Seja Profissional

O comandante versado na guerra
aumenta a influência moral
e se mantém fiel às leis e aos regulamentos.
Desse modo, o controle do sucesso está em suas mãos.
— Sun Tzu

 O profissional tem *o **poder de controlar o sucesso*** porque entende e aplica uma quantidade de conhecimento científico. Alguém já disse que a venda é um comércio para o ignorante e uma ciência para o profissional.

A palavra *sell* (*venda*, em inglês) é derivada da palavra islandesa *selja* e da palavra anglo-saxã *syllan*, que significam "dar" ou "servir". A venda concentra-se em servir o consumidor da melhor maneira possível. Aqueles que servem melhor ganham.

Ao entrevistar um vendedor potencial, uma das perguntas que faço é: "Quais foram os últimos cinco livros que você leu?". Não espero títulos específicos, mas, sim, tipos de livros. Quero pessoas que estejam lendo livros sobre auto-aperfeiçoamento, a profissão de vendas ou seu setor. Quero contratar pessoas que sejam boas e estejam investindo um tempo em seu aperfeiçoamento.

Aprendi a questionar sobre a leitura de livros depois de ter lido como o almirante Hyman Rickover entrevistou recrutas para o programa de submarinos nucleares. A resposta pode revelar qualidades pessoais interessantes.

Em uma manhã de verão, entrevistei um aspirante a recruta de vendas extremamente bem vestido. Ele vestia um terno de tecido xadrez marrom e amarelo, com uma gravata marrom e uma camisa amarela, combinando com o terno. Perguntei como havia aprendido a vender e ele respondeu de maneira brilhante: "Sr. Michaelson, eu já nasci vendedor". Foi aí que ele errou. Acredito que todos nós "nascemos" e isso é tudo. Algumas pessoas podem ter um "talento" maior para as artes. As habilidades profissionais, no entanto, são adquiridas por meio de estudo e prática. Pessoas que acreditam que "nasceram" com habilidade para vender não se concentrarão no auto-aperfeiçoamento. O seu crescimento profissional ficará estagnado.

Se você pudesse ler um livro por dia, nunca conseguiria ler todos os livros escritos na área de vendas. Não ter tempo para ler não é desculpa. Muitas informações sobre vendas, hoje em dia, também podem ser adquiridas por meio de áudio ou vídeo. Quando era gerente de vendas, fornecia aos meus vendedores gravações de apresentações de vendas. Ao estudá-las durante um tempo que poderia ser considerado tempo morto, aperfeiçoávamos nossas habilidades em vendas.

Não ter tempo para aprender é muito parecido com o que o lenhador faz quando diz que está muito ocupado cortando madeira e não tem tempo para afiar o machado. Tire um tempo para melhorar. Tenha um plano para aperfeiçoar sua vantagem profissional.

A ARTE E A CIÊNCIA DO PROFISSIONAL

Os generais dizem que "a guerra é uma arte que tem muitas ciências a seu serviço". Podemos dizer que vender é uma "arte que tem muitas ciências a seu serviço". Como arte, a excelência em vendas requer prática e mais prática. Como ciência, a excelência em vendas requer o estudo constante para adquirir conhecimento e melhorar sempre.

Vender não é uma ciência rígida associada às Leis da Física, na qual as ações produzem consistentemente as mesmas reações; pelo contrário, é uma ciência flexível associada a leis psicológicas e sociais, nas quais as ações prescritas aumentam a probabilidade de certas reações. Por exemplo, o processo básico da flexível ciência da venda pode ser derivado do acrônimo AIDA. O primeiro passo é conquistar a Atenção dos clientes, depois construir o Interesse por aquilo que você está vendendo e desenvolver o Desejo de comprar; a Ação final é fechar o pedido.

O profissional entende a importância de não correr riscos com os elementos controláveis da venda (tais como ser pontual), porque há muitos elementos incontroláveis.

O profissional entende a psicologia da situação da venda e toma cuidado com pequenas coisas que fazem a diferença. Os profissionais sabem quando fazer a escolha entre se preparar (preparação) e chegar lá (ação). Eles sabem que as grandes dificuldades para o sucesso estão na ação; quando fazemos algo, temos a tendência de dominar a situação.

ESTABELEÇA ALTOS PADRÕES

Padrões são condições que estabelecemos para o desempenho. Para Sun Tzu, os padrões estão expressos em seu conselho: "Mantenha-se fiel às leis e aos regulamentos".

Estabeleça altos padrões para seu próprio desempenho e tenha altas expectativas em relação àqueles com quem trabalha. Quanto mais alto for seu objetivo, maior será a conquista.

Quando planejamos níveis mais baixos de desempenho, é isso que conseguimos. Estabeleça altos padrões e conquiste mais. Considere pesquisar seu desempenho com os clientes. A opinião deles é a única que realmente interessa. Você terá respostas mais honestas se a pesquisa for feita por uma agência independente que garanta não revelar a origem das respostas. Uma boa técnica de pesquisa é fazer com que o cliente responda a um questionário sobre o desempenho de todas as pessoas da sua equipe.

ALTOS PADRÕES DE NEGÓCIOS

Padrões simples para encontros com clientes podem ser um aperto de mão firme e um contato visual. Padrões para uma apresentação podem ser orientações para a preparação do local da reunião, apostilas, uso de recursos visuais e tudo que possa concorrer para o sucesso. Padrões éticos requerem honestidade e integridade.

No meu laptop existe uma lista de padrões que devem ser revisados antes de cada apresentação. Essa lista inclui checar as luzes, testar o retroprojetor, ter uma lâmpada sobressalente, localizar o controle de temperatura, ter canetas e transparências em branco, checar o ângulo de visão dos assentos do fundo, fazer uma verificação final dos recursos visuais e saber as estatísticas vitais dos negócios dos participantes.

Nos hotéis Ritz-Carlton, que conquistaram o prêmio Baldrige, o padrão das respostas aos pedidos dos clientes são palavras como: "Certamente" ou "O prazer é meu". "Certo", "OK" e "Sim" não são utilizados. Se a pergunta inclui um pedido de informação sobre uma localização, o padrão é acompanhar o hóspede até o local, e não apontar e dizer: "É por ali". Percebi esse mesmo padrão em um restaurante refinado. Foi provavelmente "roubado" do Ritz-Carlton. Esse tipo de "roubo" é aceitável. Apenas certifique-se de "roubar" o melhor.

Na Delta Airlines, o padrão é que, após a aterrissagem da aeronave, o piloto permaneça na porta da aeronave e agradeça aos passageiros enquanto saem.

Na Federal Express, o padrão é atender a todas as chamadas recebidas no terceiro toque ou antes disso. Um amigo disse-me que, se o telefone não fosse atendido no quarto toque, ele desligava, porque presumia que havia discado o número errado.

Esses exemplos de padrões são meios de as empresas garantirem um bom atendimento a todos os seus clientes.

ALTOS PADRÕES PARA A CONDUTA PESSOAL

No mundo atual, a marca de um verdadeiro profissional é o seu comportamento quando não está vendendo. O comportamento profissional não é algo que se ligue e desligue, como uma tomada. O profissional é profissional o tempo todo.

É lógico que fumar nas instalações do cliente não é permitido. Quando for a um estabelecimento comercial, nunca estacione em vagas que possam ser convenientes aos clientes. Quando um cliente receber um telefonema, saia da sala. Dessa maneira, você valoriza a privacidade e evita o constrangimento de ele pedir que você se retire.

Ao conversar com o cliente procure não utilizar palavras erradas ou discutir assuntos inconvenientes. Comentários sobre sexo, religião e diferenças raciais não fazem parte de uma discussão de negócios. Ponto final. Linguagem obscena não é permitida. Não se fala mais nisso. Ponto final. Conte piadas que tenham conteúdo e sejam apropriadas.

Não fale sobre seu concorrente. Você certamente não quer falar nada de bom sobre a empresa do seu concorrente – e falar mal pode ser um tiro que sai pela culatra. Se disser algo, use um falso elogio como "eles são boas pessoas". Você não vai vencer afundando outras pessoas.

Evite dizer "Não" – principalmente no começo de uma frase ou ao responder a uma pergunta. Sugira alternativas. Fale sobre o que você pode fazer. Em um balcão do aeroporto, eu não estava com o documento de que a atendente precisava. A atendente não disse: "Não. Eu não posso emitir seu bilhete a menos que o senhor traga o documento necessário". Em vez disso, ela disse: "Sim, posso emitir seu bilhete quando o senhor trouxer o documento necessário". Perceba como a palavra "sim" pode causar uma inversão positiva em uma recusa.

"Você tem de..." é uma frase mortal para o cliente. O cliente não "tem de" fazer nada. Tente uma frase como: "A melhor coisa a fazer é..." ou "Sim, isso será providenciado se você...".

Utilize palavras adequadas. Em vez de dizer "custo" ou "pagamento", diga "investimento". Por exemplo, em vez de "Quanto você quer pagar?", pergunte: "Quanto você está pensando em investir?". Evite palavras como "pagar". Por exemplo, a pergunta "Você quer valores mensais ou anuais?" deixa a palavra "pagar" completamente de fora.

Em vez de dizer "assinatura" ou "assine", diga "dê seu OK" ou "aprove". Lembre-se de fomos ensinados a nunca assinar nada.

A linguagem certa é aquilo que falamos e também o que não falamos.

Nenhum profissional de vendas trabalha no vácuo. Os padrões e expectativas que estabelecemos para nós mesmos e para os membros da nossa equipe têm muito a ver com os resultados que serão alcançados. Deseje chegar às estrelas.

A venda bem-sucedida normalmente envolve apresentações bem-sucedidas. Matricule-se em um curso de oratória para melhorar sua habilidade oral.

SABEDORIA ATEMPORAL

Haja como um profissional. Pense como um profissional. Seja um profissional. Atingir a excelência é uma necessidade, não uma opção.

Conhecer a arte e a ciência da profissão de vendas é o preço para atingir o sucesso.

4
Ocupe o Terreno Elevado

*Na batalha e nas manobras,
todos os exércitos preferem o terreno elevado ao baixo.*
— Sun Tzu

 O terreno elevado pode ser uma posição ética, a superioridade de um produto ou serviço ou o contato com tomadores de decisão de níveis mais altos. Todas as posições de terreno elevado são desejadas.

O TERRENO ELEVADO DA ÉTICA

Você quer estar no terreno elevado da ética *e* quer que os outros percebam que você está nele. Fazer o que é moralmente certo sempre vale a pena a longo prazo. Construir uma boa reputação requer tempo e uma única ação pode arruiná-la.

Você pode não ter o controle das condições que determinam o desempenho do seu produto, mas *pode* controlar a sua reputação pessoal em termos de confiança, integridade e serviço. Essas três palavras estão relacionadas. Se não existir a reputação nos serviços, não existirão também as outras duas. Por outro lado, confiança e integridade são conquistadas pela prestação de serviços confiáveis e pontuais. Seja confiável. Mantenha a sua palavra. Se não conseguir cumprir um prazo, ligue e avise que não poderá cumpri-lo, mas faça isso antes da data final.

Alguém já disse: "Se você não tem integridade, nada mais importa. Se tem integridade, nada mais importa". Estabeleça relacionamentos confiáveis com todos na sua rede de trabalho.

O TERRENO ELEVADO DO PRODUTO OU SERVIÇO

A superioridade no desempenho de produtos ou serviços traz recompensas valiosas. Se uma melhoria é necessária para levar seu produto ou serviço ao terreno elevado da superioridade, dê *feedback* – envie dados. O nível de seu serviço deve ser excelente; se não for assim, estará fora do terreno elevado e está destinado ao fracasso.

O TERRENO ELEVADO DO CONTATO PESSOAL

Sempre que possível, inicie seus contatos com um cliente potencial no nível mais alto possível. Mesmo que não seja atendido pelo alto escalão da empresa, você será encaminhado ao departamento correto. Se o contato com o comprador vier de um nível superior, você terá mais chance de receber atenção e concluir a venda.

Se você começar por baixo, sempre terá o problema de ser conhecido como aquele que passou por cima de alguém. Se começar pelo topo, e não conhecer quem está nessa posição, você correrá menos riscos de ser conhecido dessa maneira.

Começar a venda de baixo para cima é uma longa escalada. A venda de cima para baixo consegue resultados mais rápidos.

Quando chegar ao topo, não se esqueça de quem está em baixo. O carregador ou a recepcionista do escritório pode ser uma grande fonte de informações. Um técnico de esportes na faculdade, com grande reputação por recrutar ótimos jogadores, comentou sobre a importância da recepcionista da secretaria da escola do ensino médio como fornecedora de informações sobre alunos atletas.

Tome cuidado: começar pelo topo pode trazer armadilhas e perigos. A maneira como o "topo" apresenta você às pessoas que decidem abaixo dele pode ser crucial para o seu sucesso.

Às vezes, o gerente sênior recomenda o produto ou serviço durante a introdução. Com maior frequência, os altos gerentes delegam toda a autoridade de decisão e responsabilizam a equipe pelos resultados. Nesses casos, a apresentação é mais uma sugestão, a abertura para uma oportunidade. A sugestão pode ser aceita ou recusada em razão de os subordinados temerem:

- O relacionamento ser com o gerente, e não com eles.
- Perder o controle por causa de sua influência com o alto gerente.
- Que você seja um espião e comente quaisquer falhas.

Evite essas armadilhas tomando as seguintes ações positivas após a introdução:

- Não abuse do seu relacionamento com a alta gerência. Seja humilde. Busque apoio naquele que decide.
- Lide com todos os contatos que tomam decisões com o mesmo respeito e importância que você daria aos altos gerentes.
- Faça do seu relacionamento com a alta gerência um benefício para aquele que decide.

Ajude a fortalecer a posição dos tomadores de decisão. Faça com que os subordinados pareçam heróis e encontre maneiras sutis de lhes demonstrar que está fazendo isso.

Só porque teve uma referência do alto escalão para entrar na empresa, não significa que todos gostem de você ou da situação. Um comprador sênior comentou, certa vez, sobre um presidente que tinha o hábito de recomendar pessoalmente os vendedores para a equipe de compras: "Nunca vi o presidente anotar um pedido".

O TERRENO MENTAL ELEVADO

Procure o terreno mental elevado. Se você pensar que pode, realmente conseguirá. Quando pensamos que podemos, tendemos a fazer coisas que nos ajudam a conquistar o que queremos. Uma atitude positiva em relação ao sucesso nos ajuda a alcançar objetivos. Se tivermos uma atitude positiva, os eventos negativos não terão efeito sobre nós. Vemos essa situação maravilhosa em pessoas que estão "sempre para cima".

O sucesso flui quando se atinge um nível elevado do pensamento positivo. Faça uma viagem mental através de uma experiência positiva anterior. Faça com que as coisas funcionem dentro da sua mente, e elas funcionarão no mundo real.

Atitudes e experiências positivas são autofortalecedoras. Experiências bem-sucedidas em vendas geram um nível de confiança que guia você através dos problemas. Quando as coisas estiverem difíceis, direcione seus pensamentos a experiências positivas anteriores ou entre no modo da ação positiva, fazendo mais alguns telefonemas. Você se surpreenderá com os resultados.

Atitudes positivas geram experiências positivas, e experiências positivas geram atitudes positivas. Esse fortalecimento do sucesso não aparece em um passe de mágica; precisamos produzi-lo.

Antes de iniciar uma venda, pare e anime-se mentalmente. Imagine que você tenha uma bomba de ar e esteja mentalmente inflando seus sapatos. Sinta essa animação fluindo por seu corpo. Depois disso, flutue até a oportunidade, mas somente quando estiver realmente preparado.

A vida é cheia de reprises. Repita o roteiro de uma experiência bem-sucedida e reescreva o roteiro de experiências que não tiveram sucesso.

Junte-se a pessoas bem-sucedidas que possam compartilhar suas experiências positivas. Ao se manter animado, seu cliente também ficará animado. O entusiasmo é contagiante.

Um bando de gansos voa mais rápido em formação do que um ganso voando sozinho.

Os vencedores procuram se reunir a pessoas e situações das quais possam extrair experiências positivas. Comece com os pequenos sucessos e parta para os grandes. Antes de realizar uma grande venda, costumo fazer um teste. Sempre que tenho um novo produto ou programa para vender, chamo um comprador pequeno e amigável para vivenciar o sucesso e fazer um ajuste fino da minha abordagem antes de me apresentar a um grande comprador.

SABEDORIA ATEMPORAL

Tenha por objetivo o terreno elevado. Quando encontrar algo que funcione bem, transforme-o em lucro. Sucesso é uma experiência maravilhosa de autofortalecimento.

5
Seja um Especialista

Aqueles versados na guerra podem se tornar invencíveis.
Conheça o clima e o solo,
E sua vitória será completa.
— Sun Tzu

Conhecer seu produto ou serviço não é o suficiente. Você precisa ir além de ser "mais um na multidão". O que torna você e seus serviços invencíveis é o fato de ser um especialista *e* de ser reconhecido como tal. Seu objetivo deverá consistir em saber mais sobre seu trabalho do que qualquer outra pessoa.

Em toda área de trabalho existem profissionais que possuem um conhecimento geral e especialistas que possuem um conhecimento profundo em uma área específica. Quanto mais limitada e avançada é a área de especialização, melhores são as oportunidades.

Estabeleça um objetivo e uma data para atingi-lo. Identifique os requisitos para ser um especialista. Desenvolva seu plano. Escreva-o. Não é uma questão de "se você fizer, eles virão", e sim de "se você fizer, alcançará seus objetivos". Concentre-se "no que precisa fazer", e "o que você será" virá como consequência.

As circunstâncias podem gerar mudanças no seu objetivo. Então, estabeleça um novo. O importante é ter um, pois os objetivos são os motores que nos fornecem energia.

Nosso objetivo é um alvo mutável que nos mantém motivados e nos conduz ao sucesso. Alcançar um objetivo não é tão importante quanto tentar atingi-lo. O valor está na busca da especialização.

SABEDORIA ATEMPORAL

Desenvolva seu plano pessoal de ação e comece. Entusiasme--se. Faça uma imersão no mundo. Aproveite a viagem. A vida é divertida.

6
Entenda a Venda Como um Processo

A arte da guerra pode ser resumida em cinco passos.
— Sun Tzu

Os cinco passos do mestre são um processo. Engenheiros já conceituaram a maneira como um processo é executado. Um *processo* é a maneira sistemática (passo a passo) pela qual um resultado é obtido.

Em vendas, esse processo não é rígido no sentido de seguir um roteiro elaborado. Ele é rígido quanto ao fato de que seguir alguns passos pode aumentar suas chances de sucesso.

Dentro do macroprocesso de vendas existem microprocessos como: prospecção de clientes, qualificação, apresentação, demonstração e fechamento – para citar alguns.

Ter sucesso em vendas não é ter sorte ou talento. É entender e aplicar a venda como um processo. Se entendermos a venda como um processo, seremos capazes de melhorá-lo.

Por exemplo, aqui está um processo para cumprimentar um possível cliente no escritório dele:

1. Sorria e ofereça um cumprimento amigável. Aperte a mão, se for apropriado, e olhe nos olhos.
2. Olhe ao redor e procure alguma coisa para admirar ou comentar para iniciar uma conversa cordial. Obtenha dicas de quadros na parede ou itens na mesa que indiquem um hobby ou um interesse em particular.
3. Escolha uma cadeira ao lado e não defronte e à pessoa. Evite uma posição em que a luz dificulte a identificação da expressão facial da pessoa.
4. Preliminares agradáveis são ótimas, mas seja breve.
5. Faça uma pergunta geral sobre as necessidades de negócio da pessoa. Mais uma vez, não importa o que você tenha para vender; a chave é o que o consumidor quer e precisa.

Esse microprocesso simples é um componente do processo maior de venda.

O próximo passo no processo é explorar as necessidades e descobrir como preenchê-las.

Entender a venda como um processo é fundamental para saber como atingir o sucesso. Analisar a venda como um processo permite que você duplique o sucesso e planeje melhorias. Cada processo de venda pode ser descrito em linhas gerais ou transformado em um fluxograma. Fazer um diagrama da atividade ajuda a entender o processo. Quanto mais você dissecar e transformar em fluxograma cada passo do processo, mais fácil será descobrir como melhorá-lo.

A maneira como você conduz toda a apresentação estabelece a superioridade competitiva do seu produto ou serviço perante o cliente.

Quando falhamos, nossa tendência normal é tentar melhorar o último passo do processo. Geralmente acreditamos que o erro está na tática de fechamento, o que normalmente não é verdade. Os melhores resultados na melhoria do processo são alcançados quando você melhora o início do processo. Por exemplo:

- O passo de preparar a lista de perguntas a serem feitas durante a venda pode ter um efeito positivo em todo o processo.
- O relacionamento estabelecido logo no início da reunião pode ser vital para conquistar a confiança do cliente e a aceitação da sua proposta.

O fechamento é simplesmente o resultado natural de fazer as coisas certas em cada passo do processo de venda.

SABEDORIA ATEMPORAL

Em tudo na vida, o sucesso no processo produz os resultados. Se você trabalhar o processo, os resultados virão.

7

Seja Organizado – Tenha um Sistema

Ordem ou desordem depende da organização:

Compare os cinco fatores constantes.
Faça as sete comparações a seguir.
Cinco situações em que se pode profetizar a vitória.
— Sun Tzu

Sun Tzu desenvolve continuamente listas de pontos-chave, um método de pensamento organizado que podemos adotar.

O primeiro passo no dever de casa das vendas é coletar e organizar informações. Nem toda informação é útil. Um excesso de informações pode dificultar a separação entre o útil e o inútil. O conhecimento só traz poder quando coletado de modo sistemático.

DESENVOLVA UM SISTEMA

O computador portátil é uma importante ferramenta de produtividade. Gaste algum tempo imediatamente após cada ligação de venda para armazenar informações nas seguintes categorias:

- *Informação de relacionamento.* Informação pessoal sobre o consumidor.

- *Informação comercial.* Fatos que você aprendeu sobre o cliente e seu negócio.
- *Itens de ação.* Sua lista atual de tarefas a executar, que é um resultado da reunião.
- *Estacionamento.* Ações futuras.

Tenha em seu computador uma área para armazenar anotações sobre seminários e livros que leu. Use programas de computador para organizar as informações dos clientes para que possa recuperá-las com facilidade.

As informações que estão no meu laptop vão comigo a todos os lugares. Não sou esperto o suficiente para me lembrar de tudo que li ou ouvi. Antes de me reunir com clientes e fazer apresentações, consulto meu precioso banco de dados pessoal, analisando e absorvendo informações que ajudem nos negócios. O laptop é uma grande ferramenta para a produtividade, porque fornece acesso a um grande volume de dados. A Internet conecta você a um mundo de informações sobre seus clientes.

Tenha um sistema para registrar sua lista pessoal de tarefas, suas chamadas telefônicas e suas anotações. Eu gosto de um belo caderno de capa dura – do tipo que você encontra em qualquer papelaria. Algumas pessoas usam um assistente digital pessoal (PDA) para guardar telefones e endereços e armazenar dados sobre clientes. Outras usam uma agenda daquelas que são vendidas em papelarias.

Qualquer sistema funciona. Escrever em pedaços de papel não é um sistema. Faça cópias da sua lista de contatos pessoais ou, se usar um computador, faça um *backup* dos arquivos.

Minha pasta possui diversos compartimentos. Cada compartimento sempre contém os mesmos itens – sempre. Dessa forma, posso conferir facilmente o conteúdo de cada um e dificilmente esqueço alguma coisa.

SEJA UMA PESSOA QUE ANOTA

Aqui estão três boas razões para fazer anotações:

- Anotar nos ajuda a lembrar. Quando fizer promessas ao cliente, não confie na sua memória. Anote.

- Anotar impressiona o cliente. Quando ele o vê escrevendo, sente-se importante para você. Além disso, aumenta o nível de confiança do cliente de que a ação será tomada. Essa ação ajuda a proteger sua integridade quando alguém sob sua responsabilidade comete um erro. É mais fácil o cliente acreditar que você não se esqueceu – afinal, ele o viu anotando.

- Anotar o ajuda a organizar os pensamentos. Tom Monahan, da famosa Domino's Pizza, sempre faz anotações em um bloco amarelo. Os blocos são preenchidos, mas ele raramente os lê de novo. O objetivo de anotar é ajudar a resolver os assuntos.

SABEDORIA ATEMPORAL

O importante não é quanta informação foi adquirida, mas, sim, quanta informação está organizada a fim de que possa ser útil.

8
Melhore
Cada Vez Mais

É uma doutrina da guerra
que assumamos uma posição de invencibilidade.
— Sun Tzu

Nós podemos melhorar ou piorar. Podemos crescer ou decair.

Um amigo que, entre outras funções, é membro do conselho de diretores do Wal-Mart compra fitas das conferências em que não pôde comparecer e as escuta enquanto dirige.

Eu gravo minhas apresentações e palestras sobre vendas e marketing para ouvi-las no caminho para uma nova apresentação. Quando ouço uma gravação feita há anos, é surpreendente a quantidade de informações que relembro, dados que já tinham sido esquecidos.

Vá a todas as conferências que puder. Filie-se a diversas organizações profissionais e participe regularmente das reuniões. Embora muitos palestrantes possam não acrescentar muito ao seu conhecimento, uma pérola ocasional pode desencadear uma série de informações ou ideias. Esses poucos tesouros fazem valer o tempo investido.

DESENVOLVA SUA PRÓPRIA EQUIPE DE APERFEIÇOAMENTO

Aqui estão os passos que você pode seguir na busca de conselhos junto a pessoas bem-sucedidas.

- *Desenvolva um técnico na empresa de cada cliente.* Essa é uma pessoa interessada no sucesso de sua empresa que lhe dirá o que está acontecendo na empresa do cliente e por quê. Essa pessoa pode ajudá-lo a identificar ameaças e oportunidades. Identificar claramente quem será seu técnico na empresa do cliente é um componente importante do procedimento de venda dos vendedores de sucesso. Seja um proponente ativo no trabalho com o técnico em cada uma das empresas.
- *Encontre um sábio guru.* Escolha alguém que você conheça e que não esteja relacionado ao seu trabalho. Use essa pessoa como recurso quando quiser um *feedback* de alguém de fora da sua empresa.
- *Solicite um técnico interno.* Seu técnico dentro da empresa deve ser um colega ou alguém de outro departamento que possa aconselhá-lo em questões comerciais. Seu técnico pode não perceber que é um técnico. Esses colegas são sempre boas fontes de conselhos comerciais e industriais. Eles conhecem as pessoas que trabalham com você e para quem você trabalha.
- *Identifique um patrocinador.* Seu patrocinador precisa ser alguém que esteja em um nível superior ao seu, dentro da empresa, e que possa oferecer orientação. Essa pessoa precisa ter influência para ajudá-lo a crescer em sua carreira. Seu patrocinador pode ser seu superior direto ou alguém da equipe.

Use sua equipe de aperfeiçoamento como recurso ativo. É possível fazer perguntas a seu sábio guru que talvez não possam ser feitas a seus técnicos ou patrocinadores. Os técnicos fornecem informações diretamente ligadas ao trabalho dentro da sua empresa ou da empresa do seu cliente. O patrocinador ajuda-o a crescer em sua carreira e fornece proteção quando algo não dá certo.

Tenho percebido que os gerentes de campo, que funcionam como fontes de informações sobre o que está acontecendo no setor, obtêm seus dados de alguns clientes valiosos. Cultive esses supertécnicos cujo conhecimento se estende profundamente dentro do seu setor. Eles são valiosos para você e podem torná-lo valioso para seus altos contatos na matriz.

NIVELE SEU PROCESSO DE VENDA

Um *benchmark* é um padrão de referência pelo qual algo pode ser medido e avaliado. O nivelamento (*benchmarking*) de negócios é uma metodologia aplicada para comparar os seus processos com os dos outros e descaradamente "roubar" ideias para ajudá-lo a se aperfeiçoar.

O objetivo é descobrir as melhores ideias nos processos dos outros e adotá-las nos seus próprios processos. O resultado é a superioridade do processo, que leva à superioridade de produtos e serviços.

É necessária uma combinação de inteligência e humildade para reconhecer que, seja lá o que fizermos, alguém, em algum lugar, já descobriu uma maneira melhor, mais rápida, mais barata ou mais fácil de fazer a mesma coisa.

Uma empresa tinha uma pequena porcentagem do mercado em seu setor. Uma equipe interna nivelou todos os processos relativos à fabricação e à distribuição do produto. Dez anos mais tarde, essa empresa tinha uma porcentagem muito grande do negócio em todo o mundo.

Ao nivelar cada passo do processo de venda, você descobrirá onde e como se aperfeiçoar. O *onde* direciona esforços para o lugar certo; o *como* tem início no estudo de como outros desenvolvem aquele passo do processo. Comece nivelando o processo de prospecção de clientes, e finalize com o processo de fechamento.

O nivelamento começa ao determinarmos o processo a ser avaliado e os parceiros de quem queremos aprender. Depois disso, precisamos ter certeza de que entendemos perfeitamente nosso próprio processo. Reunimos os dados que estão em domínio público e os fornecidos pelos parceiros de *benchmarking*. Finalmente, analisamos as informações e toma-mos decisões em relação ao que pode ser implementado para aperfeiçoar nossos próprios processos.

O nivelamento parece simples; entretanto, exige planejamento, tempo e recursos. Assim como tudo o mais, um esforço inadequado trará resul-tados inadequados. Quando o nivelamento é feito de maneira correta e minuciosa, pode-se chegar a uma grande melhoria no processo.

A experiência é uma ótima professora, porém, a experiência das outras pessoas é a melhor professora. Não deixe que sua própria experiência seja seu único mestre.

SABEDORIA ATEMPORAL

Busque a experiência de outras pessoas em livros, fitas e relações de aprendizado. O objetivo é domínio pessoal da profissão de vendas, dos negócios do seu cliente e da sua indústria.

Parte II

Sabedoria do Planejamento

 Um plano só é bom se permitir alterações. Na guerra ou na venda, nenhum plano sobrevive ao primeiro contato no campo. Normalmente, a desculpa para não ter um plano é que ele é sempre modificado. Os planos não podem ser rígidos, porque circunstâncias realmente mudam. Não podemos prever o futuro, mas podemos planejar as decisões futuras, ou seja, planejar um futuro no qual teremos as melhores opções.

O objetivo do plano é organizar nosso pensamento e colocar tudo e todos voltados para a direção certa. Quando um obstáculo imprevisto aparece no caminho, nós o contornamos. Quando alguém muda o alvo, nós ajustamos o plano.

Desenvolva seu plano respondendo a perguntas simples: O quê? Por quê? Quem? Como? Quando? Onde?

Analise seu cliente e as necessidades dele; depois, analise seu produto ou serviço. Combine as respostas no seu plano de vendas final:

- *O que* queremos realizar? (Objetivo)
- *Por que* os clientes deveriam comprar de nós? (Benefícios)
- *Quem* são as pessoas que influenciam as decisões? (Defensores e bloqueadores)
- *Como* apresentamos nosso produto? (Metodologia)
- *Onde* será tomada a decisão de compra? (Comprador revendedor ou comprador usuário)
- *Quando* pediremos para fechar o pedido? (Senso de oportunidade)

Todo plano deve estar no papel. Se um plano não for escrito, não será um plano; será apenas um sonho ou uma visão, ou talvez, com maior frequência, um pesadelo.

Depois de ter deixado o mundo corporativo, eu telefonava regularmente para os meus clientes antigos quando visitava a cidade em que moravam. Em Oklahoma, um antigo cliente já não possuía mais seu negócio, mas eu tinha o telefone residencial dele e marcamos um encontro para almoçar.

Ao me contar que havia perdido seu negócio, ele disse:

"Eu me lembro quantas vezes você me disse que eu deveria ter um plano por escrito. E nunca escrevi meu plano. Você não imagina quantas vezes pensei que, se o meu plano tivesse sido escrito, eu ainda poderia ter meu negócio!"

O processo de colocar as coisas no papel nos ajuda a resolver os problemas e a nos organizarmos para o futuro. Todo plano escrito deve ter objetivos específicos e datas para atingir esses objetivos. Planejar ligações de vendas com uma semana de antecedência e planejar onde e como podemos aumentar nossas vendas são exemplos de outros padrões de planejamento.

Sejam quais forem os objetivos que você determinar (ou para os quais for designado), a melhor estratégia de planejamento é tentar exceder esses objetivos a cada semana e a cada mês. Estar à frente do plano de vendas o mantém no controle e lhe dá a oportunidade de ser flexível.

O tipo ruim de pressão vem da tentativa de alcançar uma cota. Com esse tipo de pressão, o foco está nos objetivos de curto alcance. Frequentemente, isso leva a um "pedido de venda", e não à "concretização de um negócio".

Aqui está um resumo dos componentes de um plano discutidos neste livro:

1. *Conheça o negócio deles.* A pesquisa começa com uma busca em documentos para obter informações sobre a empresa e o setor. Leia jornais comerciais associados ao setor. Obtenha cópias dos relatórios anuais da empresa e dos formulários 10-K.

2. *Prepare sua lista de perguntas.* Desenvolva uma lista escrita de perguntas que revelarão informações vitais para seu sucesso. Reúna respostas do mercado.

3. *Conheça os principais tomadores de decisão.* Conheça a personalidade do presidente. Por exemplo, ele prefere ler ou ouvir? No processo de decisão, ele é do tipo "solitário" ou líder de equipe que discute as ações com os subordinados? Quem são as pessoas com maior influência?

4. *Seja interativo.* Não inicie uma conversa dizendo o que você pode fazer. Descubra do que a pessoa precisa. Qual é a questão principal? Mantenha um diálogo com perguntas investigativas – falar demais e ouvir de menos pode fazer com que a venda seja perdida.

5. *Mantenha-se focado.* Utilize recursos visuais para reforçar pontos importantes em apresentações ou discussões. Mantenha a conversa sob controle.

6. *Identifique resultados.* Discuta objetivos. Fale sobre o que pode ser conquistado em termos dos objetivos da empresa. Ofereça provas da sua capacidade de entrega.

SABEDORIA ATEMPORAL

É um fato: as pessoas bem-sucedidas planejam seu trabalho e trabalham seu plano. Sabem para onde estão indo e quando vão chegar lá.

9
Tenha a
Estratégia Certa

Um exército triunfante
não lutará contra o inimigo até que a vitória esteja assegurada.
Um exército destinado à derrota sempre lutará primeiro contra o oponente,
na esperança de que possa vencê-lo por pura sorte.
— Sun Tzu

 Algumas paráfrases dessa sabedoria para as estratégias de venda são:

- Um profissional de vendas vencedor procura sua vitória *antes* de iniciar o processo de venda.
- Um vendedor destinado à derrota vende pela pura *esperança* de fechar a venda.

A esperança não é um método para fechar uma venda; uma estratégia sólida é um método de conquistar vendas.

O PAPEL DA ESTRATÉGIA E DA TÁTICA

Dois elementos fundamentais em todo processo de venda são a estratégia e a tática. A *estratégia* é uma ideia à procura de meios de execução. As *táticas* são os meios de execução utilizados para colocar uma ideia em prática.

Em seu livro *The Influence of Sea Power on History*, o almirante Alfred T. Mahan explica claramente como diferenciar a estratégia da tática. Ele diz: "Contato é uma palavra que talvez defina, melhor que qualquer outra, a linha divisória entre a estratégia e a tática".

Na guerra, a estratégia termina na fronteira. Em vendas, termina na porta do escritório ou do carro. A tática começa no contato com o cliente.

Estratégia é fazer a coisa certa. É o componente do planejamento no processo de vendas. É a guerra no papel. É almejar a vitória antes da batalha.

Tática é fazer as coisas corretamente. É o componente do contato no processo de vendas. Na guerra, é a ação, a batalha.

Planejar a abordagem de vendas é estratégico. Fazer a abordagem é tático.

Planejar quem contatar é estratégico. Fazer o contato é tático.

O profissional de vendas constrói uma estratégia antes da venda e executa a tática durante o processo. A estratégia deve ser correta para que tenha sucesso; não há aqui o problema da galinha e do ovo. A estratégia sempre deve vir em primeiro lugar.

Ações ofensivas bem-sucedidas são lançadas quando são taticamente possíveis, mesmo que uma outra opção seja estrategicamente desejada. Por exemplo, em termos estratégicos, você prefere vender um produto específico; entretanto, em termos táticos, o cliente prefere um produto diferente. Mudar a ação tática para tirar vantagens das circunstâncias não altera a estratégia geral.

Primeiro, a estratégia deve ser correta; depois, a tática poderá apoiar a estratégia. O contrário raramente é verdadeiro. O sucesso tático constante – ou mesmo a contínua execução brilhante das táticas – raramente supera uma postura estratégica inadequada.

Uma estratégia ruim apoiada por boas táticas pode até ser um caminho rápido para a derrota; por exemplo, a habilidade tática para vender grandes quantidades de produtos não lucrativos pode ser um caminho rápido para a falência.

PONTOS FORTES CONTRA PONTOS FRACOS

Um princípio básico da estratégia é concentrar pontos fortes contra pontos fracos. Aplicado às vendas, esse princípio significa que você deve ter valor agregado ou benefícios suficientes para convencer o futuro cliente a comprar seu produto ou serviço.

A proposta principal de Sun Tzu, de "buscar a vitória antes da batalha", envolve encontrar os pontos críticos e os benefícios da venda antes de começar o processo. Essa é uma boa estratégia.

Os princípios básicos de uma boa estratégia de vendas envolvem planejar a concentração de recursos em que:

- a necessidade foi identificada;
- a concorrência é fraca;
- o potencial de lucro é alto.

Você deve concentrar seus recursos em pontos nos quais será capaz de mostrar resultados ao cliente e ter lucro no investimento.

É importante ter prioridades. O desempenho de um produto ou serviço tem mais prioridade que o dinheiro. Quando você coloca o lucro em primeiro lugar, sua estratégia está errada. O desempenho para o cliente sempre precede a decisão financeira. Não há outra maneira de ter sucesso.

SAIBA QUANDO PARAR DE VENDER

Na posição de alto gerente, lembro-me de ter me empenhado para indicar um novo vendedor a outro contato dentro da minha organização; até avisei o contato de que ele receberia uma ligação. Infelizmente, já tínhamos outro fornecedor capacitado para o serviço.

Alguns dias depois, o mesmo vendedor ligou e apresentou um serviço completamente diferente. Além de não me despertar o interesse pelo novo serviço, o vendedor perdeu sua credibilidade ao parecer representar uma ampla variedade de serviços. Fiquei pensando: "Qual será a especialidade dele?". Nunca havíamos nos visto antes. Quantos serviços ele representava? Ele se importava com algum deles? Se desenvolvermos necessidades futuras nas áreas que ele representa, ele não estará na lista de pessoas a considerar.

SABEDORIA ATEMPORAL

Seu objetivo estratégico é conquistar o cliente e anular os oponentes. Estratégias que se concentram nas necessidades dos clientes e levam em consideração os pontos fracos dos oponentes possuem maiores chances de vitória.

10
Vença sem Lutar

Subjugar o inimigo sem lutar é a excelência suprema:
A melhor política é atacar a estratégia dele.
A segunda melhor é romper as alianças dele
por meios diplomáticos.
O terceiro melhor método é atacar o exército dele no campo de batalha.
A pior política é atacar cidades muradas.
— Sun Tzu

O pensamento estratégico ocidental concentra-se nos ataques diretos e nas inovações tecnológicas. O pensamento estratégico oriental concentra-se em alianças e na psicologia. Diz-se que a união da sabedoria atemporal dos pensamentos estratégicos oriental e ocidental leva ao caminho da vitória. Não que uma abordagem seja melhor que a outra; você precisa da sabedoria tanto da estratégia oriental quanto das táticas ocidentais. Se souber apenas uma delas, você estará somente meio preparado.

A questão principal é achar caminhos para ganhar a venda sem confronto direto com um concorrente.

No nível mais elevado estará um cliente fiel que prefere seus produtos ou serviços e sempre retorna para comprá-los de você.

"A MELHOR APRESENTAÇÃO DE VENDAS É AQUELA QUE VOCÊ NÃO PRECISA FAZER"

Eu ouvi esta afirmação, pela primeira vez, do meu sócio Tim Carpenter, um excelente profissional de vendas. Carpenter explica: "Se o cliente liga porque fomos recomendados por outro cliente, essa é a melhor situação de venda. A reunião não é uma apresentação para conseguir o negócio; é uma discussão para descobrir como podemos servir melhor esse cliente".

Um empresário de vendas que conheço diz que a marca Amway o ajuda a vender: "Às vezes, um possível cliente nos contrata assim que fica sabendo que nossa empresa é a Amway Corporation. Não é necessária uma apresentação detalhada".

Quando um possível cliente se aproxima de você porque já ouviu falar da sua empresa, a venda já está a meio caminho. Isso aconteceu quando recebemos a ligação de um antigo cliente que fazia parte do conselho de diretores de uma outra empresa. Ele queria que nos encontrássemos com os dirigentes. Após diversas reuniões, iniciamos um grande compromisso comercial.

Para atingir uma reputação que atraia novos negócios, é necessária uma superioridade consistente no desempenho. Não há outra maneira.

Nossa reputação pode nos ajudar ou atrapalhar. As atividades que produzem nossa reputação podem ser nossos bens mais valiosos, porque esses processos mantêm os clientes existentes e atraem os novos.

CRIE VISIBILIDADE

Você pode ajudar a criar a visibilidade que leva a uma boa reputação sendo ativo em organizações, escrevendo artigos e fazendo conferências. Essas atividades de relações públicas aumentam sua exposição e ajudam a gerar novos contatos.

Falar em programas dá a você uma grande audiência. Não tente vender seu produto ou serviço durante a apresentação. Em vez disso, seja útil para o público. Fale sobre ideias e informações que o público possa utilizar. Não há problema em distribuir seu material impresso; em vez de colocá-lo sobre uma mesa, coloque-o em cada assento do local. Você pode fazer com que os membros da plateia demonstrem interesse por maiores informações providenciando fichas para que eles preencham. Se conseguir a lista de endereços do público, use-a. Caso contrário, peça que coloquem seus cartões de visitas em uma urna, sob o pretexto de realizar um sorteio. Dar continuidade ao processo é algo bem-vindo, mas vender durante a apresentação desmotiva a plateia. Não faça isso. Entretanto, você pode pedir que as pessoas responsáveis pelo evento mencionem seu produto ou serviço.

Escrever artigos é outra ótima ferramenta de visibilidade. Envie cópias de seus artigos para as pessoas da sua lista de endereços pessoais. Faça cópias do próximo artigo e envie-o a todos, e assim por diante. A constância demonstrará sua competência e lembrará às pessoas que você está ativo.

TESTEMUNHOS SÃO ÓTIMAS CREDENCIAIS

A maneira mais certa de convencer seu possível cliente é por meio de testemunhos – as experiências de clientes satisfeitos. Clientes felizes podem ser ótimas credenciais. Eles podem dizer coisas que você não pode.

O melhor testemunho é uma conversa pessoal entre um possível cliente e um cliente satisfeito. Já organizei centenas de contatos entre possíveis clientes e clientes muito satisfeitos. Alguns por telefone. Entretanto, os momentos em que tive maior sucesso ocorreram quando acompanhava um possível comprador até a empresa de um usuário dos meus produtos. Em um momento apropriado, eu encontrava uma desculpa para deixá-los sozinhos juntos para que o possível cliente pudesse fazer perguntas em particular. A combinação de servir como acompanhante pessoal e permitir uma conversa em particular geralmente resulta em uma venda. Nada é melhor que o fato de o futuro cliente poder fazer perguntas a seu cliente atual sobre preocupações dele e obter respostas positivas.

Os próximos melhores testemunhos são cartas ou fotografias. As cartas de clientes satisfeitos devem ser rapidamente disponibilizadas para possíveis clientes. Uma ótima oportunidade de testemunho, frequentemente perdida, é uma fotografia do produto em uso. Por exemplo, as pessoas que vendem bens duráveis podem tirar fotos de *seus* produtos nas casas de *seus* clientes. Faça um portfólio com fotos que mostrem o produto em seu uso real: utensílios em cozinhas, móveis em cômodos ou celebridades utilizando seus produtos. Outro bom testemunho é um mapa com alfinetes, mostrando a localização dos clientes.

FALE POUCO SOBRE SEU CONCORRENTE

Note que o produto do concorrente não foi mencionado durante esse processo. O futuro cliente pode mencioná-lo, mas você não deve fazê-lo nunca.

Aprendi essa regra em uma loja de ferramentas na Halstead Street, em Chicago. Eu era gerente de serviços contratado da Maytag Company, e minha caixa de ferramentas havia sido roubada. Fui comprar uma nova. O funcionário da loja virou-se para pegar a caixa de ferramentas da prateleira e disse: "Essa aqui é tão boa quanto uma Kennedy". Naquele momento, eu descobri o nome da melhor marca e atravessei a rua para ir a outra loja onde tinha visto uma caixa de ferramentas Kennedy. Observação: comentários de equivalência competitiva, como "tão boa quanto", não vendem. Quando fizer uma comparação, sempre destaque os benefícios das suas características singulares. Por exemplo, "a característica singular desta caixa de ferramenta são os compartimentos que proporcionam a organização de itens pequenos, o que facilita o acesso a eles".

Falar sobre um concorrente em uma conversa automaticamente leva o futuro cliente a pensar nele.

Se o possível cliente perguntar quem é seu concorrente, fornecer uma longa lista de pessoas no seu negócio é melhor do que oferecer uma pequena lista com um ou dois nomes. Outra opção é fazer uma pergunta como "Por que você pensaria em outra pessoa?", que o coloca de volta no controle. Se o provável cliente perguntar sobre um concorrente ou marca específica, pergunte a opinião dele sobre tal produto ou empresa.

Se o possível cliente pedir uma comparação com um produto do concorrente, não faça comentários depreciativos. Para responder à pergunta, faça um comentário do tipo: "Eles fazem um produto interessante". Se você for superior ao concorrente, fale sobre isso. Siga rapidamente para a venda do ponto forte do seu produto. Fale por que você se destaca na sua área e por que é tão diferenciado a ponto de não ter realmente nenhum concorrente. Lógico que o ponto de diferenciação é apenas uma característica; portanto, é preciso identificar o benefício – o que essa característica; ou recurso único fará pelo cliente.

Outra maneira eficaz de falar positivamente sobre seu produto ou serviço contra o do concorrente é o endosso de terceiros, como usuários famosos ou um artigo em uma publicação respeitada. Qualquer tipo de endosso pode trazer a atenção de volta aos benefícios do seu produto ou serviço.

Sabedoria Atemporal

Siga o conselho de Sun Tzu que diz que a estratégia suprema é:

- Subjugar o exército inimigo sem travar combate.
- Capturar as cidades do inimigo sem invadi-las.
- Derrubar seu governo sem operações demoradas.

Talvez a estratégia suprema de vendas seja:

- Subjugar o concorrente sem ter de vender contra ele.
- Capturar os clientes dele sem travar combate direto.
- Derrubar a concorrência sem perder muito tempo.

11
Conheça o Seu Concorrente

Se você conhece a si mesmo, mas não o inimigo,
para cada vitória conquistada, você sofrerá uma derrota.
— Sun Tzu

 Sun Tzu adverte: "Conheça o seu inimigo e conheça a si mesmo e, em cem batalhas, você nunca será derrotado". Há muito tempo, o poeta Ovídio escreveu: "É bom aprender, mesmo que seja com o seu inimigo".

A esfera do conhecimento que precisamos aprender pode ser organizada em três níveis: produto ou serviço, pessoas e profissionais.

CONHECIMENTO DO PRODUTO OU SERVIÇO

O primeiro nível é o conhecimento minucioso dos produtos ou serviços concorrentes combinado com um amplo conhecimento do setor. Lógico que, para tornar útil o conhecimento do concorrente, devemos conhecer minuciosamente nosso próprio produto ou serviço para entendermos os diferenciais. Em feiras de negócios, converse com fornecedores, concorrentes e os clientes deles (aqueles a quem você vende e aqueles a quem você não vende). Saiba mais sobre o negócio deles do que eles.

Os editores de publicações setoriais possuem um alto nível de conhecimento sobre assuntos que afetam o seu negócio. É provável que seu departamento de propaganda coloque anúncios nessas publicações, e isso pode colocá-lo em contato com as pessoas certas. Recrute as pessoas do seu departamento de propaganda e os profissionais da agência como membros da sua equipe de inteligência. Informe-os sobre as marcas concorrentes e os tipos de informação que você deseja.

CONHECIMENTO PESSOAL

O próximo nível é o conhecimento pessoal do concorrente. O conhecimento do caráter e da personalidade dos indivíduos leva à percepção de como eles agirão. Com base em um estudo da história do passado profissional deles, é possível prever como agirão no futuro. As pessoas tendem a repetir o que aprenderam em seus empregos anteriores. É por isso que as empresas gostam de contratar pessoas que tiveram um treinamento inicial de negócios em empresas como a Procter & Gamble e a General Eletric. Podemos identificar esse padrão de repetição de comportamentos previamente aprendidos em nossas próprias experiências. Por exemplo, você se lembra do novo chefe que chegou e reestruturou a empresa para que ficasse da mesma forma como era seu emprego anterior?

Peça opiniões dos clientes dos seus concorrentes. Isso pode ser muito útil para encontrar meios de conseguir essas contas.

CONHECIMENTO PROFISSIONAL

O próximo nível de conhecimento é sobre pessoas que não são concorrentes diretos, mas estão engajadas em processos semelhantes. Pode ser qualquer um na mesma profissão ou área de interesse. Vendedores podem aprender com outros vendedores; técnicos e jogadores de um esporte podem aprender com técnicos e jogadores de outros esportes. Esse nível de aprendizado pode ser a fonte das ideias criativas que provocam inovações. Se soubéssemos o que poderia ser aprendido com as outras pessoas nesse nível, não precisaríamos formar uma rede de comunicação com elas – e essa é a razão pela qual precisamos tanto dessa rede de comunicação.

SABEDORIA ATEMPORAL

É muito fácil ficar preso em uma caixa – uma caixa de contatos normais. Sair da caixa significa sair da nossa zona de conforto. Pensar fora da caixa nos expõe a novas oportunidades.

12
Objetive Grandes Vitórias

*Geralmente, gerenciar uma grande tropa
é o mesmo, em princípio, que gerenciar poucos homens;
é uma questão de organização.*
— Sun Tzu

VENDA PARA GRANDES CLIENTES

 Normalmente, não é necessário mais tempo nem esforço para vender um volume grande ou pequeno. O que realmente conta é que o grande cliente pode comprar mais que o pequeno.

As grandes empresas não apenas compram muito, mas também devoram muitas outras empresas em fusões e aquisições, ou seja, têm chances de se tornarem clientes ainda maiores.

Os vendedores que atendem algumas das maiores contas do país às vezes são solicitados a comparecer nas sessões de treinamento de seus clientes. Por exemplo, meu amigo que vende para o Wal-Mart, e já ganhou prêmios por isso, foi convidado para as reuniões, aos sábados de manhã, em que os compradores trocam ideias. Essa informação interna ajuda-o a ser um fornecedor melhor.

Grandes contas frequentemente servem de propaganda. Elas nos dão maior credibilidade com outros clientes.

Ao ajudar uma grande empresa de consultoria a entrar em um novo negócio, objetivamos as maiores contas nos maiores mercados. Descobri que as duas maiores contas nos maiores mercados já estavam em negociação com nossos maiores concorrentes. Entretanto, a terceira maior conta era um excelente cliente potencial. No mercado em que a terceira maior conta acabara de fazer uma troca gerencial no departamento para o qual vendíamos, tínhamos um ótimo cliente potencial. Ao usar esse modelo de ir atrás da terceira maior conta, conquistamos grandes contas em todos os maiores mercados.

SABEDORIA ATEMPORAL

Se você não está vendendo a grandes clientes, continue ligando. A recompensa pode valer a pena.

13

Aprenda com as Vendas Perdidas

Aquele que não é sábio não pode usar espiões.
Aquele que não é delicado e sutil
não consegue extrair a verdade deles.
— Sun Tzu

 Não é possível fechar todas as vendas. Uma das coisas mais difíceis é a rejeição. Quando isso acontecer, pense em fechar a próxima venda.

Se você está vendendo a todos os clientes potenciais, não está fazendo ligações suficientes. Se tudo que você faz está certo, não está assumindo riscos suficientes.

A chave para o sucesso é estar disposto a cometer falhas e aprender com elas. Aprendi mais com os meus fracassos em vendas do que com os sucessos, especialmente quando voltei e perguntei por que eu havia perdido a venda. O único perdedor real é aquele que não levanta para lutar novamente.

Existe uma história sobre um vendedor que disse: "Fiz uma grande venda na segunda-feira. Não vendi nada na terça-feira. Na quarta, a venda que fiz na segunda–feira foi cancelada. Pensando bem, terça foi meu melhor dia".

Pessoalmente, meu pior dia é quando perco uma venda, mas um dos meus melhores dias é quando descubro por que perdi uma venda. A única coisa pior que perder uma venda é não saber a razão real de tê-la perdido.

A tendência é procurar desculpas para o fato de o cliente não ter comprado. Com frequência, com muita frequência mesmo, ouço comentários que colocam a culpa no cliente. Quando o cliente não compra, não é porque ele é burro, mas, sim, porque nós somos burros. Não citamos em nossa apresentação valores agregados suficientes voltados às necessidades do cliente.

Noventa e sete por cento dos clientes não compram por preço, apenas três por cento o fazem. É um fato.

Quando pediram a executivos do setor hoteleiro que listassem a preferência de seus clientes ao selecionar um hotel, eles colocaram o preço em primeiro lugar. Foi feito o mesmo pedido a seus clientes, e estes colocaram em primeiro lugar uma boa noite de sono. Quantas vezes você voltou a um hotel onde o barulho ou um colchão ruim não o deixaram ter uma boa noite de sono?

SEU TREINAMENTO PESSOAL EM "VENDAS PERDIDAS"

Trate cada ligação de venda como uma experiência de aprendizado potencial. Quer você ganhe quer perca, faça a si mesmo as seguintes perguntas:

"O que fiz corretamente?"

"O que poderia ter feito melhor?"

O treinamento mais valioso que você pode ter ocorre quando o cliente lhe diz a verdadeira razão pela qual não fechou a compra. Conseguir esse tipo de informação honesta não é fácil. Como diz Sun Tzu, você precisa ser "delicado e gentil" para conseguir a verdade.

De início, é necessário estabelecer um relacionamento bom o suficiente com o futuro cliente para que ele possa lhe dizer por que você não conseguiu vender. Entretanto, é necessário achar uma boa forma de perguntar.

Você poderia fazer uma pergunta simples, como: "Só para minha informação, você poderia me dizer o que eu (ou nós) fizemos de errado?" ou "O que eu poderia ter feito melhor?" ou, se você sabe que houve várias outras apresentações, "Só para minha informação, você poderia me contar sobre a apresentação que o levou a optar pela compra em outra empresa?"

Gosto de começar esse tipo de pergunta com um comentário do tipo "Só para minha informação", para que o possível cliente saiba que não estou tentando argumentar. Qualquer que seja a razão dada pelo cliente para a decisão tomada, eu concordo. Isso me ajuda a entender o lado do cliente e evita que ele guarde a informação para si. Concordar gentilmente não é como discordar, porque discordar faz com que as pessoas queiram justificar sua posição. Quando o possível cliente responder com informações, não se esqueça de agradecer por essas informações importantes.

USE O QUE APRENDER

Em uma ocasião em que perdi uma venda e perguntei quem havia feito a melhor apresentação, recebi um comentário sobre uma técnica que utilizei em muitas apresentações posteriores. Atualmente, utilizo essa mesma abordagem para concretizar mais vendas. O conceito envolve abrir uma discussão com a seguinte pergunta: "Qual é o maior problema que você está enfrentando?" Em uma apresentação em grupo, essa pergunta aberta é feita a cada indivíduo na sala, e as respostas são listadas em um quadro. Agora, você conhece os problemas que as pessoas dessa empresa pensam estar enfrentando. Isso significa que toda a sua apresentação pode se concentrar em como o seu produto ou serviço pode fornecer a melhor solução para esses problemas. Pode ser que as respostas revelem uma falta de entendimento dos problemas reais. Se esse for o caso, direcione suas perguntas para trazer à tona questões importantes para eles e para você. Obviamente, o conceito também funciona em apresentações individuais.

Em uma outra ocasião, o possível cliente que não concluiu a compra entregou-me toda a proposta de 30 páginas do meu concorrente. Achei que a estrutura da proposta era ótima e incorporei o esquema geral às minhas propostas. Casualmente, quando visitei meu cliente potencial para pegar a proposta do concorrente, conversamos sobre como poderíamos fornecer a próxima fase de serviços de que ele precisaria.

Naturalmente, mesmo quando você fecha a venda, é ótimo descobrir o que seu concorrente fez e que seu possível cliente gostou; e, se conseguir coletar informações suficientes, você fará mais vendas. Esses dados enriquecem seu conhecimento dos concorrentes e o preparam para a próxima ação ofensiva.

SABEDORIA ATEMPORAL

Faça do dia em que descobre por que uma venda foi perdida o seu melhor dia. Existem algumas coisas que seu melhor amigo não lhe dirá, mas você pode aprender essas coisas com possíveis clientes que não compraram de você – desta vez.

Se perder a venda, não perca o possível cliente. Essa pessoa comprará de alguém novamente. Mantenha contato. Descubra como as coisas estão indo. Envie um artigo interessante, depois envie outro.

Parte III

Sabedoria para Iniciar uma Ação

 Os fundamentos para estabelecer relacionamentos de sucesso foram bem apresentados no livro *Como Conquistar Amigos e Influenciar Pessoas*, de Dale Carnegie. Suas orientações são aplicadas atualmente e estão resumidas aqui:

O que você deve fazer:
Comece de maneira amigável.
Evite discussões.
Não critique, condene ou reclame.
Nunca diga à outra pessoa que ela está errada.
Se você estiver errado, admita.
Mostre respeito pela opinião da outra pessoa.
Tente ver as coisas do ponto de vista da outra pessoa.
Seja compreensivo com as ideias e pontos de vista do outro.

O que você deve conseguir que a outra pessoa faça:
Faça com o que a pessoa diga "Sim" imediatamente.
Deixe que a outra pessoa fale a maior parte do tempo.
Deixe que a outra pessoa acredite que a ideia foi dela.

Como instigar no outro um forte desejo:
Apele para motivos nobres.
Torne suas ideias interessantes.
Quando nada mais der certo, lance um desafio.

Para fazer com que a outra pessoa goste de você:
Demonstre interesse por ela.
Faça com que ela se sinta importante.
Sorria, escute e use o nome da pessoa.

ENCONTRE O COMEÇO CERTO

Tudo o que fazemos afeta nossa oportunidade de fazer uma venda. Seja você mesmo. Ouça o "ritmo" do cliente. Crie um ambiente positivo.

A opinião do cliente é formada nos primeiros minutos da reunião. Eles acharão uma maneira de comprar se gostarem de você e uma maneira de não comprar se não gostarem de você.

Procure maneiras de construir um relacionamento. Aprender tudo o que puder sobre o histórico do cliente antes da reunião ajuda a estabelecer um ponto em comum. É ótimo quando podemos iniciar com comentários como: "Sr. Jones, sei que o senhor é presidente da Widget Trade Association. Conhece a Srta. Smith?" (Obviamente, você sabe que ele conhece a Srta. Smith.)

Se puder ser bastante sincero, faça um comentário de admiração por algum item da vestimenta pessoal. Por exemplo: "Onde comprou essa linda gravata?" Ache um item interessante na sala e pergunte sobre ele. Por exemplo: "Eu realmente gostei dessa mesa de reunião".

Quando você começa uma apresentação a um grupo, um comentário curto e bem humorado pode quebrar o gelo. Por exemplo, ao abrir uma palestra sobre gestão de qualidade, eu sempre começo com uma pergunta do tipo "Por favor, todos os que são a favor da qualidade podem levantar as mãos?" Essa pergunta absurda a um público de gerentes de qualidade sempre é bem recebida. A risada relaxa o público e a mim. Isso me ajuda a introduzir o que quero falar: ser a favor da qualidade não é um problema; o problema é implementá-la. Agora, eu tenho a atenção do público.

Em situações de varejo, um cliente nunca deve ser recebido com uma pergunta do tipo "Posso ajudá-lo?", porque a resposta pode ser "Não". Em vez disso, uma pergunta mais geral, do tipo "Não está um lindo dia?" ou "Tudo bem?" normalmente consegue respostas que mantêm as linhas de comunicação abertas.

O desafio está no fato de que circunstâncias diferentes exigem comportamentos diferentes. Identificar o começo certo ajuda a atingir o sucesso no final.

14
Aproveite a Iniciativa

*Aquele que ocupa o campo de batalha primeiro
e espera o inimigo está à vontade.*
— Sun Tzu

 A chave para um ataque bem-sucedido é a habilidade, a preparação e, acima de tudo, a informação. O normal é não termos tempo, recursos, habilidades e informações suficientes.

Pode parecer que a escolha esteja geralmente entre fazer certo depois ou fazer certo agora. O profissional de vendas bem-sucedido deve encontrar o delicado equilíbrio entre a preparação e a ação. As maiores chances de sucesso estão ao lado da ação. Com maior frequência, assim que você faz algo, torna-se dono da situação.

CONQUISTE CLIENTES

Nas vendas, o primeiro passo para lançar uma ofensiva é a busca de possíveis clientes. Quanto mais você esperar, maiores serão as oportunidades de seu concorrente chegar lá primeiro. A "Regra dos 45" diz que 45% de todas as tentativas de conquista de clientes se transformam em venda para alguém. Por essa razão, antigos ataques podem ter menos concorrentes.

O trabalho missionário necessário para introduzir um produto ou serviço novo pode ser difícil e consumir muito tempo. Entretanto, quando você é o primeiro com um produto altamente diferenciado, ninguém pode roubar os seus possíveis clientes com um preço mais baixo.

A melhor maneira para começar a construir um relacionamento de vendas é vender algo; e esse "algo" pode ser um pequeno produto ou serviço. Essa pequena venda é o que *abre as portas* para que você possa continuar voltando.

O importante é começar. Depois do início, concentre-se em crescer a partir da base.

COLD CALLS

Mergulhar nas vendas por *cold calls* é como mergulhar em uma piscina gelada. Pensar em entrar é pior do que estar lá. Então, quando começar, mantenha-se lá. É melhor do que sair da água e depois ter de entrar novamente.

Não se pode fazer boas vendas por *cold call* em uma atmosfera hostil. É por isso que as empresas que realizam muitos negócios via *cold calls* fazem reuniões de motivação regularmente.

Estabeleça sua própria atmosfera motivacional. Pense nas vezes em que você ficou mais à vontade e teve mais sucesso fazendo *cold calls*. Reproduza a situação.

AQUECENDO OS COLD CALLS

Se puder achar um ponto em comum, o contato telefônico não será tão frio. Pedir a seus clientes indicações de nomes de outros possíveis clientes automaticamente lhe dá um nome para usar como contato e um endosso implícito. Mandar uma carta fornece uma abertura; por exemplo: "Semana passada, mandei uma carta sobre..." Se conseguir nomes de possíveis clientes em jornais ou revistas, enviar-lhes a própria propaganda pode tornar seu contato telefônico mais bem-vindo.

Quando um possível cliente me pediu que enviasse um catálogo antes de agendar uma reunião, mandei o catálogo. Quando lhe telefonei, ela não se lembrava de ter recebido o catálogo nem da minha ligação anterior. Então, mandei o catálogo em uma caixa com um *cookie* de chocolate do tamanho de uma pizza gigante e um bilhete que dizia: "Aqui está seu biscoito da sorte". Quando liguei de volta, ela disse: "Você alegrou meu dia. Quando quer vir?" Fiz a ligação, consegui o pedido e comecei um longo relacionamento com um novo cliente.

Embora não conheça o indivíduo, você pode e deve pesquisar a empresa.

Quando um possível cliente pede um catálogo durante um contato telefônico, normalmente está querendo encerrar a conversa. Use o pedido como uma oportunidade para investigar, dizendo: "Sim, ficarei feliz em fazer isso. Só preciso fazer mais algumas perguntas para ter certeza de que enviarei o catálogo apropriado".

FAZENDO O PRIMEIRO CONTATO TELEFÔNICO

Se o primeiro contato for por telefone, seja breve. Tenha em mente o seu objetivo; seu objetivo (provavelmente) é marcar uma visita.

Quando fizer o primeiro contato telefônico, esteja preparado. Conheça seu cliente e o negócio dele e seja capaz de fazer uma apresentação resumida de seu produto ou serviço. Esse breve resumo normalmente é chamado de *discurso de elevador*. Esse termo descritivo identifica o curto tempo disponível para o seu monólogo. Digamos que você pegue o elevador no primeiro andar e encontre um ótimo cliente potencial. Ele lhe pergunta: "O que seu produto pode fazer por mim?" Você deve dar uma resposta orientada para as vendas antes que o cliente desça do elevador no décimo andar.

Com mais frequência do que você gostaria, sua primeira (e última?) introdução será por telefone. A questão "O que existe no seu produto para o cliente?" precisa aparecer logo no início da conversa. A pessoa que recebe uma ligação telefônica está processando rapidamente os seguintes tipos de perguntas:

- Existe algo nesse produto para minha empresa?
- Se existir, posso consegui-lo de maneira razoável?
- Quanto esforço será necessário para obter o que está sendo oferecido?

- Temos infra-estrutura para apoiar isso?
- Isso se encaixa na nossa estratégia?
- Conseguiremos uma brecha no nosso orçamento?
- Sou o contato certo?
- A pessoa que está oferecendo essa oportunidade tem credibilidade suficiente para que eu considere a negociação?
- Essa pessoa se apresenta bem?
- Essa pessoa parece entender minha empresa e nossa posição?
- Essa pessoa foi encaminhada a mim por alguém em quem confio?

Certifique-se de fazer uma pesquisa – conheça seu possível cliente, e ele desejará conhecer você. Não se coloque na posição do vendedor que, perante um executivo de uma rede varejista, teve de dar uma resposta negativa para esta pergunta: "Você já esteve em uma de nossas lojas?"

Quando o primeiro contato for pessoalmente, prepare uma lista-padrão de perguntas. Direcione a conversa para que você possa extrair informações sobre o possível cliente e outros. É bom saber tudo desde os maiores problemas da empresa até os hábitos de férias dos compradores. A lista de perguntas pode ser longa, e podem ser necessários vários telefonemas para completar a lista. Fatos como as preferências de férias dos compradores podem ser conseguidos com a secretária ou com a recepcionista – ou com outros fornecedores. Essa vasta base de dados é um dos componentes de um bom relacionamento. Quando você sabe aonde um cliente gosta de ir durante as férias, tem uma dica singular de presente de Natal.

SABEDORIA ATEMPORAL

Um antigo provérbio diz: "Você precisa chegar lá como o primeiro e o melhor". Se chegar lá em primeiro, você automaticamente conseguiu o "melhor". Se não chegar lá em primeiro, trabalhe para ser o "melhor".

15

Abasteça o Funil

A possibilidade da vitória está no ataque.
— Sun Tzu

A primeira linha de ataque em vendas é conquistar clientes. Considere o processo de conquista de clientes como algo separado do processo de vendas. Quando combinamos o processo de conquista de clientes com o processo de vendas, tendemos a gastar muito tempo com clientes regulares e pouco tempo desenvolvendo novos clientes potenciais.

Existem muitos níveis de atividades para conquistar clientes, que variam desde mala direta, *networking* ou redes de comunicação, a telefonemas pessoais para possíveis clientes.

Já ouvi conversas sobre canais de informações de vendas, como se tal coisa existisse. Não existe um canal de informação que converta um cliente potencial em cliente. Todo trabalho de conquista de clientes é um trabalho de afunilamento, ou seja, é necessária uma grande quantidade de contatos para conseguir uma venda. É necessário haver muita atividade no topo do funil para alcançar resultados na parte inferior.

O funil dez-oito-quatro-dois-um é um exemplo de resultados em vendas que podem ser alcançados com produtos populares:

- Faça o contato inicial com *dez* pessoas.
- *Oito* estarão disponíveis (quer dizer, em casa ou no trabalho)

- *Quatro* se envolverão em uma conversa.
- *Dois* estarão interessados em seu produto ou serviço.
- *Um* resultará em venda.

Nesse exemplo, é fácil perceber que você deve iniciar mais contatos para fazer mais vendas. O mesmo princípio se aplica a qualquer canal de venda. Em um setor, por exemplo, são necessários 125 contatos para conseguir 5 possíveis clientes sólidos, e apenas um dos possíveis clientes fechará uma venda.

Para fazer com que o processo de conquista de clientes funcione, preocupe-se em colocar os possíveis clientes no funil – a entrada. Frequentemente, as pessoas preocupam-se com os resultados. Nada pode ser tirado de um funil vazio; se colocar pouco, obterá pouco. É necessário muito trabalho no topo do funil para conseguir resultados. Planeje sua rede de comunicação no topo do funil, e seu plano funcionará na parte inferior. Quando o processo estiver funcionando, tente aumentar sua eficiência.

A quantidade de metal precioso extraído de um minério depende de dois fatores: quantidade e qualidade. A quantidade de vendas que você realiza depende do número e do tipo de pessoas com quem faz contato. Procure a quantidade (números) em áreas onde exista uma alta qualidade (pessoas com potencial de compra).

Participe de um grupo de conquista compartilhada de clientes. Essa atividade o manterá concentrado na geração de novos negócios.

NETWORKING

O objetivo de construir uma rede de comunicação é criar relacionamentos que levem a vendas. As pessoas querem fazer negócios com pessoas que conheçam, de quem gostem e em quem confiem.

Aqui estão algumas regras para cultivar um *networking* bem-sucedido:

- Vá a feiras de negócios, reuniões de associações e eventos de negócios com o objetivo de encontrar as pessoas que fazem a diferença – altos funcionários e editores que estejam no centro de influência.
- Fale sobre o negócio deles e sobre o interesse deles, não sobre os seus.

- Concentre-se em ajudá-los a ter mais sucesso. A rede de comunicação (*networking*) pode ser um processo de troca. Ajude-os, e eles o ajudarão.

- Peça os cartões de visita deles e mande mensagens escritas à mão dizendo que tentará enviar-lhes clientes (ou tentará ser útil).

- Em seguida, envie artigos que interessem a eles.

- Encontre maneiras de manter contato; envie mais artigos, clientes ou mensagens de agradecimento quando receber qualquer comunicação por parte deles. (Não há problemas em enviar e-mails, mas mensagens curtas e escritas à mão são muito melhores.) Ligue para alguém com quem você não fala há algum tempo.

Uma boa maneira de fazer o funil funcionar é desenhá-lo. Depois, faça uma lista das fontes que alimentam o funil. As fontes podem ser atividades como discursos em reuniões e conferências, conversas telefônicas, propagandas, indicações e *networking* pessoal. Para testar o funcionamento dessas fontes de clientes, confira a data mais recente em que obteve um novo nome de cada grupo. Se a data mais recente em que conseguiu novos nomes de qualquer grupo for antiga, aquele canal provavelmente precisará de estímulo.

Depois, separe o funil em diversas seções:

- *Universo de clientes*. São os nomes que você quer colocar no funil. Eles possuem um interesse potencial em seu produto ou serviço.

- *Novos suspeitos*. São alguns clientes no funil que possuem algumas qualificações para serem futuros clientes.

- *Possíveis clientes atuais*. São os antigos suspeitos, que você sabe que podem se beneficiar de seu produto ou serviço. Eles estão na sua lista atual de contatos.

Nomes que passam pelo funil devem ser reciclados:

- *Contas ativas*. São clientes atuais que farão novas compras.

- *Contas antigas*. São antigos clientes que podem voltar à classificação de ativos.

Segmentar o funil é um método para mantê-lo ativo.

ESTEJA SEMPRE ATIVO

Não caia na armadilha de esperar que possíveis clientes comprem. Continue sempre alimentando o funil. Faça uma lista de todas as pessoas que podem se beneficiar do seu produto ou serviço. Recompense clientes que façam indicações. Procure novas maneiras de conquistar novos clientes e continue garimpando. Tenha como objetivo uma série de diferentes tipos de contato a serem feitos mensalmente. Pense em pessoas que você já conhece e que podem ser bons clientes potenciais no futuro.

> ### *SABEDORIA ATEMPORAL*
>
> Continue alimentando o funil. Ele funciona quando o mantemos em funcionamento.

16
Venda a partir da Força

Qualquer exército superior em força
age como a ruptura de uma represa
sobre um abismo com mil pés de profundidade.
— Sun Tzu

Não se concentre somente em seus pontos fracos. Em vez disso, concentre-se em seus pontos fortes: quem você é e o que pode fazer. Construa seu mundo e o mundo de seus clientes em torno dos pontos fortes de seus produtos, de seus serviços e de si mesmo.

MINIMIZE OS PONTOS FRACOS

Infelizmente, a tendência natural é reforçar os pontos fracos. Quando perdemos uma venda, podemos ficar obcecados com o ponto fraco que acreditamos ter causado a perda. Concentrar o pensamento em pontos fracos reais ou imaginários pode ser uma profecia auto-realizável. Todos os produtos, serviços e pessoas possuem pontos fracos. É importante conhecer nossos pontos fracos e os de nossos concorrentes, mas não insistir nos pontos fracos de seu produto ou serviço ou em algum aspecto de seu ponto fraco.

Como os concorrentes espertos atacarão seus pontos fracos, você precisa estar alerta para a ameaça. Entretanto, quando estiver em uma posição ofensiva (esteja sempre na ofensiva), venda a partir da força. Observação: estar "na ofensiva" não quer dizer "ser agressivo".

REFORCE OS PONTOS FORTES

Nós podemos ser mais produtivos quando nos concentramos em nossos pontos fortes, porque se concentrar em reforçar nossos pontos fracos requer muito mais tempo, e os pontos fracos reforçados geralmente não são pontos fortes muito competitivos. Concentrar-se nos pontos fortes significa se concentrar naquilo que fazemos melhor.

Vender a partir da força requer que façamos nossa lição de casa. Os pontos fortes de produtos ou serviços têm de estar relacionados ao que o cliente quer e ao que a concorrência tem a oferecer. Com muita frequência, só pensamos nos pontos fortes daquilo que temos a oferecer. Esse é o foco errado. Os clientes não se importam com o que temos a oferecer, a menos que seja exatamente isso que querem.

Se os clientes estão conseguindo o que querem de um concorrente, precisamos de pontos fortes suficientes para desbancar a concorrência. Ser tão bom quanto o concorrente não é o suficiente para desbancá-lo. Nosso produto ou serviço deve ser visto como o melhor para podermos tomar o lugar do concorrente.

Reforçar os pontos fortes é o princípio usado pelo *blitzkrieg*, o ataque relâmpago dos alemães durante a Segunda Guerra Mundial. Ou seja, lançar um ataque massivo a uma grande frente para procurar lugares por onde possa penetrar. Quando as tropas alemãs entravam em um país, elas cercavam os oponentes em vez de lutar contra a resistência. Cada vez que encontravam oponentes, elas os cercavam.

O mesmo princípio é aplicado em ataques rápidos de vendas. Cerque temporariamente o oponente e penetre por onde puder. Aqui está um processo para agilizar um esforço de venda:

- Pense em vender seu produto ou serviço para um tipo de cliente específico ou em uma área geográfica específica.
- Faça uma lista de clientes potenciais naquele setor.
- Inicie um grande número de contatos em um período de tempo limitado.
- Quando encontrar uma oposição, tente uma outra aproximação ou vá para o próximo cliente potencial. (Volte depois com um novo tipo de abordagem.)

Vendedores que comercializam produtos novos ou se aventuram em novos territórios acharão o conceito de ataques rápidos particularmente benéficos.

SABEDORIA ATEMPORAL

O conceito de ataques rápidos é simplesmente contatar um grande número de possíveis clientes em um período de tempo limitado e vender onde haja menor resistência. Depois do primeiro ataque, volte e elimine a resistência.

17
Trabalho em Equipe Funciona

Quando as tropas estão unidas,
os bravos não podem avançar sozinhos, nem os covardes podem recuar.
— Sun Tzu

 Atualmente, o mais bem-sucedido profissional de vendas é, com frequência, membro de uma equipe voltada para o cliente. Protagonistas isolados estão fora. Essa é uma equipe de responsabilidade compartilhada, na qual todos trabalham juntos. Boas equipes de vendas não surgem do nada; é preciso tempo, treinamento e experiências compartilhadas para construir uma equipe.

Pessoas que trabalham juntas podem conseguir muito mais do que sozinhas.

O trabalho em equipe bem-sucedido não é um objetivo; é uma empresa viva que interage, cresce e ganha força.

Em um número cada vez maior de situações de vendas, os profissionais do setor facilitam o relacionamento entre as pessoas de vários níveis de suas empresas com as pessoas de vários níveis da empresa do cliente, a fim de maximizar mutuamente o relacionamento produtivo.

Quando a maioria das pessoas pensa em equipes de vendas, pensa em reuniões. Certamente, as reuniões fazem parte do trabalho em equipe, mas as equipes de vendas são mais virtuais, já que os membros não estão sempre no mesmo local. As equipes de vendas representam uma coordenação de várias funções e interações organizacionais com o possível cliente e sua equipe. Como o modo de conduzir reuniões de equipes eficazes já está bem documentado em muitos bons livros, enfocaremos aqui outros aspectos do trabalho em equipe.

O general Robert Neyland aposentou-se em 1952 como técnico de futebol americano da Universidade do Tennessee, com um recorde de 173-31-12. O trabalho em equipe era a sua prioridade, como se revelou em algumas de suas máximas sobre o futebol:

- Um time que não será derrotado não poderá ser derrotado.
- Onze homens em todas as jogadas.
- Jogue bem em sua posição, antes de mais nada.

Tony DiCicco foi o técnico principal do time feminino de futebol dos EUA, que ganhou a Medalha de Ouro Olímpica; em 1999, ele treinou o time da Copa do Mundo. Para desenvolver a união do time, ele utilizou exercícios mentais. Pouco antes de a competição começar, cada jogadora recebeu uma fita para "imaginação", um pequeno vídeo das habilidades delas coreografadas com uma música escolhida por elas. Durante a última semana, frases inspiradoras foram colocadas debaixo das portas das jogadoras todos os dias. As colegas de quarto eram regularmente trocadas para evitar a formação de grupos fechados.

A autora Mariah Burton Nelson fala sobre o que os atletas de times esportivos sabem:

- *Eles sabem realmente quem são seus colegas de time.* Colegas que não apenas se importam, mas também ajudam a alcançar o sucesso.
- *Eles sabem competir.* Não-atletas tendem a acreditar que amigos não devem competir. Os atletas não vêem a competição como uma

divisória; eles a utilizam para se relacionar.

- *Eles sabem se unir*. Os atletas de times têm uma visão compartilhada e se apoiam.
- *Eles sabem assumir riscos*. Estão dispostos a correr riscos, tais como passar a bola para outro jogador no futebol.
- *Eles sabem pedir ajuda*. Nós realmente não temos de ser perfeitos.
- *Eles sabem perdoar a si mesmos*. Eles param de se desculpar e se concentram na próxima conquista.

O consultor administrativo T. Allen Pannell Jr., que trabalhou com muitas equipes de vendas vencedoras, lista os seguintes atributos do trabalho em equipe para os profissionais de vendas:

- *Objetivo comum*. O profissional de vendas eficaz ajudará a esclarecer e a criar um objetivo comum entre os membros da equipe. A missão deve ser definida e comunicada. Entretanto, as necessidades individuais de cada membro da equipe devem ser entendidas para evitar conflitos e criar soluções ganha-ganha.
- *Papéis e responsabilidades*. Quando você encontrar alguém "interferindo nas suas vendas", isto será um sinal de que os papéis não estão claros. Os papéis das pessoas na equipe de vendas devem ficar absolutamente claros. Qualquer confusão nessa área não é profissional e pode facilmente custar a perda das vendas. Uma reunião rápida para relembrar o papel de cada um em determinado processo de vendas e verificar as responsabilidades atribuídas geralmente resolverá a maioria das questões. As disputas devem ser imediatamente resolvidas ou mediadas pela administração superior, se necessário.
- *Procedimento*. As tarefas devem ser definidas. Como a comunicação ocorrerá, como as decisões serão tomadas e as informações documentadas? Como serão marcadas as datas e os horários das reuniões? Como serão conduzidas as reuniões e como lidaremos com os conflitos? Mesmo que existam muitas respostas possíveis a essas perguntas, é muito importante que elas sejam feitas e respondidas. O método selecionado é secundário para um entendimento mútuo de como as tarefas serão definidas.

- *Confiança*. A confiança decorre de se manter sempre a palavra. A confiança não pode ser acelerada; leva tempo para desenvolvê--la. A responsabilidade do gerente é garantir que os sistemas e as práticas promovam a confiança. Se o sistema de recompensa cria interesses competitivos entre a equipe de vendas, a confiança será um problema.
- *Sinergia*. As pessoas que já participaram de algum tipo de exercício de solução de problema como membros da equipe conhecem o poder das soluções em equipe. Esses exercícios demonstram claramente o poder sinergético das equipes. A resposta de uma equipe a um problema é normalmente melhor que qualquer resposta individual ou obtida dos membros da equipe em separado. A sinergia demonstra que o todo é maior que a soma das partes.

Para conseguir a sinergia, ou seja, criar resultados além do que pode ser realizado individualmente, a equipe necessita das seguintes características:

- Comunicação aberta
- Participação total (não necessariamente igual)
- Compromisso com as decisões da equipe
- Liderança compartilhada – todos são responsáveis pelo sucesso da equipe, não somente o líder
- Avaliações do processo – conversas sinceras e regulares de como a equipe está se saindo

---

SABEDORIA ATEMPORAL

Equipes produzem melhor. Equipes conquistam mais. Não venda sozinho quando puder contar com a força de uma equipe.

18

Tempo e Senso de Oportunidade Ajudam Obter Vitória

Apesar de termos ouvido falar sobre a pressa estúpida na guerra, ainda não vimos uma vitória inteligente que tenha sido prolongada.
— Sun Tzu

 O tempo é seu maior aliado e seu pior inimigo. Calcular o tempo é tão importante quanto calcular as finanças. Aqui estão as questões principais sobre o tempo em vendas:

- *Como regra, quanto mais cedo, melhor.* Economizar tempo na decisão é ganhar tempo na venda.

- *Você só pode se sentir protegido da queda quando estiver subindo.* Campanhas de vendas bem-sucedidas exigem ação contínua. É o que chamamos de ritmo.

- *Se esperar pela aprovação da matriz, você vai se atrasar.* Quando você pede aprovação, há um atraso na resposta e os concorrentes têm tempo para agir.

- *Não adie uma decisão por causa de informações incompletas.* Você nunca tem toda a informação de que precisa.

- *Uma tomada de decisão rápida produz uma ação rápida.* Quanto mais rápida é a decisão, mais rapidamente a ação pode ser implementada e maior a probabilidade de você vencer a concorrência.

- *Ação rápida é ação simultânea.* Quando a velocidade estiver no máximo, os processos que precisam ser concentrados em determinado momento são simultâneos.

- *Decisões tardias inevitavelmente perdem sua qualidade positiva.* Quando você espera demais, seus inimigos têm tempo para se preparar e seus amigos perdem a paciência.

- *Todas as consequências positivas da velocidade contribuem para a rapidez do ataque.* Quanto menos demorar para atacar, menos estará propenso a ser surpreendido e menos preparados estarão seus concorrentes. Além disso, quanto menos demorar para atacar, maior será a probabilidade de a hora do seu ataque ser antes do esperado pelo concorrente, que ficará surpreso com todas as consequências que se seguirão.

SABEDORIA ATEMPORAL

Tudo funciona perfeitamente no tempo certo. A velocidade constrói o próprio ritmo.

19
Seja um Gorila ou um Guerrilheiro

Use muitos para derrubar poucos.
— Sun Tzu

O grande gorila corporativo luta com força esmagadora – onde quer que queira lutar.

O guerrilheiro da pequena empresa também luta com força esmagadora – mas somente na hora e no local que escolherem.

Os dois podem vencer. Os dois podem perder. Os dois impõem uma superioridade relativa na hora da batalha.

Um dos maiores princípios do Exército Vermelho da China era que o território não tinha importância. O presidente Mao dizia: "Quando o inimigo avança, nós recuamos. Quando o inimigo recua, nós avançamos". Os guerrilheiros sobrevivem protegendo o território onde estão localizados. Não importa em qual território estejam. A questão é a sobrevivência. Os guerrilheiros vencem por estarem onde o "gorila" não está.

O primeiro guerrilheiro foi um líder de comando francês. Naquela época, ele reduziu as posses inglesas na França a uma fina faixa, sem travar nenhuma grande batalha. Ele evitava as grandes concentrações de inimigos e "comia pelas beiradas". Quando algo dava errado, ele cancelava o ataque.

Todo empresário é um guerrilheiro que encontra um território a ser dominado. Os representantes de vendas fortalecem suas empresas incorporando linhas fortes e abandonando linhas fracas. Quando um representante tem uma ampla linha de produtos, pode ocasionalmente agir como um gorila. Mais frequentemente, a estratégia do representante é a de um guerrilheiro que procura oportunidades onde uma superioridade temporária pode ser alcançada.

Aqui estão as regras para os guerrilheiros de vendas, adaptadas de Lawrence da Arábia:

- Não lute frente a frente com os gorilas. Vá aonde os gorilas não vão e faça coisas que eles não fazem.
- Ataque quando e onde seu oponente estiver fraco.
- Tome cuidado com os erros e mexa-se rapidamente. Às vezes, a maneira de vencer é capitalizar em cima dos erros.
- Não ataque com seu ponto fraco. Lidere a partir da força. Quantos seus pontos fortes são realmente fortes, seus pontos fracos não são tão vulneráveis.
- Você pode ter recursos limitados; entretanto, o conhecimento sobre o que está acontecendo nunca deve ser limitado. O reconhecimento pessoal deve ter alta prioridade.
- Utilize guerras psicológicas. É uma boa psicologia parecer maior e mais forte – ser altamente profissional é uma das maneiras de fazer isso.
- Forças menores enfatizam a velocidade e o tempo. Por exemplo, enfatize os serviços pontuais e confiáveis – este é seu valor agregado. Mantenha seu cliente informado caso o serviço esteja atrasado.

SABEDORIA ATEMPORAL

Os guerrilheiros escolhem a hora e o local onde podem ter força esmagadora. Os gorilas dormem onde querem.

20
Corra Riscos Calculados

Armar um exército e colocá-lo em perigo –
assim pode ser definido o trabalho do general.
— Sun Tzu

O grande astro do hóquei, Wayne Gretsky, diz: "Eu perdi todas as tacadas que não dei".

É a mesma coisa em vendas: nós perdemos 100% das vendas que não tentamos. É lógico que tentar não está livre de problemas. As tentativas de fechar pedidos que são transparentes demais não funcionam.

Durante toda a vida, corremos riscos. Em muitas situações, não fazer algo pode ser um risco maior do que fazê-lo. Isso foi dito sobre Gen. O general George McClellan disse, na Batalha de Antietam, durante a Guerra Civil: "Ele estava com tanto medo de perder que não conseguiu ganhar".

Em qualquer negociação, o lado que está disposto a perder pode ganhar. O lado que não pode perder vai achar a negociação difícil, principalmente se o outro lado estiver ciente de que ele precisa da vitória. Milhares de anos atrás, o estrategista chinês Wu Chi escreveu: "O campo de batalha é uma área de corpos caídos. Só aqueles que estão dispostos a morrer podem sobreviver". A mesma lição se aplica aos negócios: aqueles que estão dispostos a correr o risco de perder têm uma vantagem.

Aqueles que desistem de uma negociação nunca sabem o mínimo que o outro lado está disposto a aceitar. Nos bazares do mundo, os melhores negociadores conseguem os melhores preços quando começam a dar as costas. É nesse instante que o comerciante percebe que está quase perdendo a venda, e rapidamente faz uma oferta a um preço menor.

Bill Richardson, governador do Novo México e antigo embaixador dos Estados Unidos, conta suas regras de negociação:

1. Faça amigos.
2. Defina seu objetivo.
3. Ignore os insultos.
4. Sempre demonstre respeito.
5. Feche o negócio.

Richardson diz: "Abra mão do território fácil". No caso dele, ele geralmente abria mão do território fácil quando ia a um país estrangeiro para negociar. Para alcançar seus objetivos e fechar negócios, faça questão de mostrar o que há de interessante para o outro lado.

O único perdedor real em uma negociação é a pessoa que não se recupera após uma queda.

SABEDORIA ATEMPORAL

Embora você deva fazer todo esforço mental e físico para conseguir realizar uma venda, não se preocupe demais com a possibilidade de perder. Em vez disso, concentre-se em criar uma atmosfera confiante e silenciosa, que faça com que o outro lado tenha medo de perder algo se não fechar o negócio com você.

21

Quando as Coisas Dão Errado

Cinco notas musicais produzem mais melodias
do que jamais poderemos ouvir.
Cinco pigmentos básicos produzem mais cores
do que jamais poderemos ver.
Cinco gostos principais produzem mais sabor
do que jamais poderemos provar.
Duas posturas na batalha
geram uma série infinita de manobras.
— Sun Tzu

 Variações incontroláveis podem fazer com que as coisas saiam erradas. Os problemas resultantes disso podem proporcionar a oportunidade de transformá-lo em herói perante o cliente.

INICIE A AÇÃO

Quando um cliente tem um problema, entre em ação. Mesmo que não consiga resolvê-lo, é importante que você esteja disponível para ouvir o cliente falar sobre esse problema. Demonstre empatia e entre em ação.

Um estudo feito pela Abt Associates, de Cambridge, Massachusetts, mostrou uma correlação entre a insatisfação do cliente e o número de pessoas com quem o cliente teve de falar antes de o problema ser resolvido.

O tempo gasto para a solução do problema é outro elemento crucial. O mesmo estudo mostrou que os clientes que recebiam resposta em 10 dias ficavam muito mais satisfeitos com a resposta, independentemente de qual fosse, do que aqueles que tinham de esperar mais. É a síndrome do "se pelo menos eles me dessem uma resposta".

VÁ ALÉM DAS SOLUÇÕES

Um amigo hospedado no Oriental Hotel, em Tóquio, recebeu um fax de um associado em outro país que ligou para avisá-lo que o fax já havia sido enviado. Após esperar um pouco, meu amigo ligou para a recepção. O fax foi finalmente entregue. Mais tarde, relatou sua insatisfação ao assistente da gerência, que se desculpou e insistiu em fazer algo para recompensá-lo. Esse tipo de oferta é chamada de *compensação de valor agregado*. É uma boa maneira de reduzir o risco de perder um cliente.

Quando um cliente não está feliz, dizer que você sente muito não é o suficiente. Certa vez em que tivemos de esperar muito para sermos atendidos em um restaurante, o *chef* veio até a nossa mesa para se desculpar e nos explicar por que o serviço estava lento. Ótimo, mas nós não estávamos realmente interessados nos problemas dele; queríamos nosso jantar em um prazo de tempo razoável. Tome cuidado para não dar explicações que façam com que seu problema se torne um problema do cliente. Uma explicação é boa contanto que acabe em uma solução aceitável ou em uma compensação de valor agregado para o cliente. Por falar nisso, não voltamos mais ao restaurante. Hoje, mesmo que quiséssemos, ele está fechado.

Em um outro restaurante em que tivemos um atendimento lento e reclamamos, o gerente disse que sabia do problema e que ele seria resolvido. Pediu-nos que retornássemos para um jantar de graça. Retornamos muitas vezes. O estacionamento está sempre cheio.

Embora o atendimento ao cliente não seja uma responsabilidade sua, o nível desse serviço tem efeito direto sobre sua habilidade de repetir o negócio. Preste atenção nisso.

TENHA UM PROCESSO PARA SOLUCIONAR PROBLEMAS

Aqui está uma fórmula simples para lidar com os problemas quando as coisas dão errado:

1. Responda imediatamente.
2. Peça desculpas. Diga a seu cliente que você sente muito pelo problema ocorrido.
3. Pergunte o que seu cliente quer que você faça para corrigir a situação. (Normalmente, o cliente pedirá menos do que você imagina.)
4. Entre em ação.
5. Ofereça uma compensação de valor agregado.

SABEDORIA ATEMPORAL

Os clientes não se preocupam com o quanto você sabe até que eles saibam o quanto você se preocupa.

Parte IV

Sabedoria para Estruturar a Venda

Primeiro: *Crie uma Necessidade*
Segundo: *Maximize a Necessidade*
Terceiro: *Supra a Necessidade*
  e
  Dê Sequência

 As melhores estruturas de vendas são simples e construídas em torno das bases da boa comunicação nos negócios.

- Crie uma Necessidade

    Estabeleça um relacionamento. Procure qualquer coisa que estabeleça um senso de relacionamento ou credibilidade pessoal. As pessoas compram de amigos, e você quer ser um amigo.

    Encontre uma necessidade. Identifique necessidades fazendo perguntas e ouvindo as respostas. Tenha cuidado com a tendência de falar sobre o que você tem para vender. Descubra as necessidades do cliente.

- Maximize a Necessidade

    Verifique a necessidade. Examine minuciosamente a discussão para encontrar a realidade. Quanto mais claramente você estabelecer a necessidade, maior a oportunidade de conseguir a venda. Faça com que os clientes confirmem que "isso é o que eles precisam."

    Analise a necessidade. Amplie a necessidade ao máximo enquanto reduz os custos ao mínimo.

- Supra a Necessidade

    Encontre soluções. Este é um exercício de descoberta mútua. As respostas a questões anteriores o ajudarão a conduzir a discussão. Tome cuidado com as apresentações mecânicas. Tenha em mente o que você sabe sobre as preferências de cada personalidade. Utilize a lógica com os racionais e o apelo emocional com os sentimentais. Utilize recursos visuais.

    Lide com as objeções. Tenha em mente que as objeções são simplesmente pedidos de mais informações. Você quer que o futuro cliente fale para que as objeções sejam expressas abertamente.

    Peça para fechar o pedido. É com a prática que você aprende a entender os sinais da venda. A regra simples para fechar o pedido é "rápido demais e frequente demais". Trata-se de um pedido sutil.

Se você pedir muito pouco e demorar demais, nunca terá o senso de oportunidade.

- Dê Sequência

Mantenha contato. Você não quer apenas vender; quer construir clientes. A venda repetida e as indicações o tornam bem-sucedido.

MANTENHA A SIMPLICIDADE

Quanto mais complexas forem a sua oferta e a sua apresentação, menor será a probabilidade de serem entendidas e aceitas.

Durante a campanha vencedora do presidente Bill Clinton, os gerentes mantiveram seu foco em uma questão única e simples ao colocar um aviso na parede do escritório central que dizia: "É a economia, imbecil". Esse foi um uso eficaz do princípio KISS – *Keep It Simple, Stupid* (Mantenha a simplicidade, imbecil).

A maioria das apresentações melhora quando se tira algo e não quando se coloca algo. Quanto mais você fala, menos é entendido.

Nunca dê mais de três razões para comprar seu produto ou serviço. Quanto maior for a sua lista, menos ela será lembrada.

Nunca coloque mais de três tópicos em um recurso visual de uma vez. Se você realmente precisa de uma lista mais longa, divida em subitens, e use três pontos menores sob cada item.

Se seus possíveis clientes precisam passar a informação para alguém na empresa, dê a eles apenas três coisas para que se lembrem, como, por exemplo, três razões para comprarem de você.

TENHA FORMA E CONTEÚDO

Não fique tão preso ao conteúdo da sua apresentação a ponto de esquecer a forma. A forma não é somente a aparência física de uma proposta; é cada pequena coisa que você faz para reforçar suas credenciais pessoais e empresariais, bem como seu profissionalismo.

PEQUENAS COISAS SIGNIFICAM MUITO

Vender é como lidar com sua conta bancária: você precisa depositar antes de sacar. Prestar atenção às pequenas coisas a seguir podem ajudá-lo a conseguir grandes vendas:

- Diga a verdade. Se não consegue dizer a verdade, vendas é a profissão errada para você. Por favor, procure algo diferente para fazer.
- Saiba o aniversário, as bodas, os nomes dos familiares e os *hobbies* do seu cliente.
- Tenha uma quantidade adequada de cartões de visita. Mantenha um estoque de reserva na sua maleta ou no porta-luvas.
- Indique clientes aos seus amigos. Eles retribuirão o favor.
- Quando você encontrar algo de má qualidade em sua empresa, fale de maneira agradável e firme sobre a necessidade de melhorias. O silêncio significa aceitação.
- Prometa pouco e trabalhe muito. Mantenha a calma. Nunca responda quando estiver nervoso. Siga o conselho de David Ogilvy: "Nunca mande uma carta no dia em que a escreve".
- Diga as palavras mágicas "Por favor", "Obrigado" e "Tenho uma grande estima por você". Essa é uma boa ideia para ser usada não apenas com seu cliente, mas também em casa e no escritório.
- Diga o nome do cliente com frequência em todas as conversas.
- Mantenha seu carro limpo – por dentro e por fora.
- Melhore a imagem do seu chefe para que ele possa ser promovido.
- Treine um substituto para que você possa ser promovido.

- Quando o cliente disser "Sim", isso não é pouco. Esse é o momento de ir embora. Se você ficar tempo demais, sairá sem o pedido.

O Primeiro Passo:
CRIE UMA NECESSIDADE

É fácil começarmos a discutir se os profissionais de vendas são supridores de necessidades ou criadores de desejos.

Existe a história de um homem que teve de se mudar para um apartamento em uma cidade grande. As circunstâncias não permitiram que ele levasse seu bom cachorro da raça *collie*. Ele ofereceu o cachorro a um fazendeiro, que o recusou dizendo que não queria cachorro nenhum. O homem contou a um amigo sobre a experiência de rejeição.

O amigo, que era um profissional de vendas, foi visitar o fazendeiro. Disse a ele que sempre passava por lá e estava tão impressionado com a aparência da fazenda que quis conhecer o proprietário.

O fazendeiro ofereceu-se para mostrá-la e apontava orgulhoso para suas construções. O amigo perguntou se ele tinha problemas com ratos. O fazendeiro disse que não sabia o que fazer com os ratos. Quando o amigo viu o gado, perguntou se ele tinha problemas para colocá-lo no curral à noite. O fazendeiro concordou, dizendo que tinha o problema há anos e precisava de ajuda. Enquanto caminhavam pelos campos abertos, o amigo perguntou ao fazendeiro se ele se preocupava com ladrões. O fazendeiro contou sobre um roubo em uma casa nas redondezas. Nosso amigo argumentou que um próspero fazendeiro corria muito mais risco que o dono de uma casa.

O amigo disse: "Se você tivesse um bom cachorro de fazenda, ele provavelmente lhe daria uma sensação de segurança, ajudaria com as vacas e mataria os ratos, certo?" "Sim", disse o fazendeiro. "Eu sempre pensei que precisava de um bom cachorro de fazenda. Se conseguisse achar um bom, pagaria até $ 100 por ele". O amigo respondeu: "Acho que tenho o cachorro certo para você".

Estava certo. O fazendeiro pagou $ 100 por um cachorro que poderia ter sem pagar nada. Perceba que nosso profissional de vendas usou perguntas para criar a necessidade. Depois, fez mais perguntas. O fazendeiro deu informações sobre o roubo que o ajudaram a maximizar a necessidade. Somente quando o fazendeiro confirmou a necessidade definitiva do cachorro, o amigo ofereceu-se para suprir a necessidade. Esse é apenas um exemplo de como criar, maximizar e suprir uma necessidade.

Os consultores têm um ditado:

"Descubra o que eles querem e venda o que eles precisam".

Primeiro, é necessário fazer perguntas para descobrir a vontade do cliente. Às vezes, o que os clientes pensam que querem não é a melhor solução para suprir suas necessidades. O melhor serviço que você pode oferecer é descobrir a real necessidade e supri-la.

Organize sua argumentação de vendas de tal maneira que o benefício poderoso de seu produto ou serviço crie a necessidade.

22

Estabeleça o Local

Ao cruzar as montanhas,
procure ficar perto dos vales.
Ao acampar,
escolha um terreno alto, de frente para o sol.
Quando um terreno elevado estiver ocupado,
não suba para atacar.
— Sun Tzu

Assim como o conselho de Sun Tzu sobre cruzar montanhas, acampar e lutar no topo da colina, algumas regras simples podem ajudar a estabelecer o local para sua reunião com o cliente. O planejamento cuidadoso garante que o diálogo aconteça nas circunstâncias mais favoráveis.

PREPARE-SE PARA ENTRAR EM CENA

É fundamental: uma boa preparação produz bons resultados. O conhecimento é vital.

Temos apenas uma chance para causar uma boa primeira impressão. Os novos clientes formam uma impressão sobre nós logo no começo da primeira reunião.

Em um dia tempestuoso, livre-se de sua capa de chuva antes da reunião; não dê a impressão de ter acabado de vir da rua. Encontre um lugar para pendurar seu casaco; coloque-o em uma cadeira ou jogue-o em algum canto. Não encarregue seu cliente de pendurar o seu casaco.

Vista-se como seu cliente. Se não tiver certeza de como ele estará vestido, é melhor que você esteja vestido de maneira mais conservadora do que seu futuro cliente. Se estiver mais casual do que seu contato, isso pode parecer um desrespeito. Nos Estados Unidos, quanto mais para o oeste você for, maior será a tendência de se vestir casualmente para os negócios. Na Europa, as roupas, assim como as saudações, são muito mais formais.

ESTABELEÇA O PALCO

Quando entrar em um escritório, escolha um lugar que não fique de frente para o cliente. A persuasão é mais fácil quando você está sentado ao lado de alguém do que do outro lado de uma barreira sólida como uma mesa.

Quando muitas pessoas da mesma equipe de vendas participarem de uma conferência, os membros da equipe deverão chegar antes do cliente. Deverão escolher lugares intercalados na mesa, a fim de se posicionarem ao lado das pessoas que estão tentando persuadir. Os membros da equipe não devem se agrupar em um lado da mesa para não dar margem a uma posição de "eles" contra "nós".

A ATUAÇÃO

Nivele seus olhos com os do cliente. Se o cliente estiver em pé, você deve ficar em pé. Se o cliente estiver sentado, você deve ficar sentado.

O cérebro é mais rápido que a boca. Nós falamos aproximadamente 125 palavras por minuto; nosso cérebro pensa em 500 palavras por minuto. Essa disparidade dá ao cérebro ampla oportunidade para devanear. Faça coisas para manter o nível de interesse alto. Interaja com os participantes e dramatize quando for apropriado. Faça uma apresentação memorável.

Sempre se dirija ao cliente pelo nome e faça disso um hábito. É o que os amigos fazem. Ser chamado pelo nome gera uma sensação de bem-estar porque:

- Demonstra interesse pessoal.
- Indica atenção especial.
- Cria uma conexão pessoal.
- Impressiona o cliente.

Torne sua apresentação visualmente interessante. Participei de um seminário em que a mensagem era a de que todo recurso visual poderia ser uma ilustração. Que maneira interessante de passar uma mensagem memorável!

Os publicitários dizem que o número máximo de palavras em qualquer cartaz deve ser quatorze – conte as palavras em cada recurso visual. Não use mais do que três pontos principais em um recurso visual. Se tiver de pedir desculpas porque algumas pessoas da plateia não conseguem ler o recurso visual, não o use. Cores proporcionam vitalidade. Use-as para ressaltar os pontos principais.

Recursos visuais que dominam uma apresentação podem distrair sua atenção da mensagem. Evite a tendência de colocar muitas coisas "bonitinhas" nas apresentações em PowerPoint.

Nem todos os seus recursos visuais precisam estar na tela. Aqui estão algumas ideias para proporcionar interesse visual a qualquer apresentação:

- *Magnifique*. As grandes propagandas passam mensagens melhor do que as pequenas. Por exemplo, um urso de pelúcia de 1,80 m é mais dramático que um de 20 cm.
- *Envolva*. Faça com que o cliente se envolva na demonstração. Deixe-o tocar, experimentar, visitar ou dirigir o que você está vendendo.
- *Imagine*. Qual é o sonho do cliente? Faça com que ele visualize um grande futuro. Use palavras possessivas como "sua" e palavras otimistas como "é possível".

- *Dê exemplos.* Mostre como o produto funciona bem. Tenha uma amostra real – em miniatura, se necessário.
- *Ilustre.* Um gráfico é um recurso visual melhor que uma lista de números.

Embora seja necessário ficar de pé enquanto estiver utilizando recursos visuais perante um grupo sentado, sente-se assim que puder. Isso pode ser particularmente importante ao iniciar uma conversa. É sempre melhor estar no mesmo nível visual que a outra pessoa quando estiver buscando um acordo. Pessoas sentadas possuem uma resistência natural à persuasão das pessoas que estão de pé, porque a posição em pé tende a ser dominante.

Os profissionais limpam tudo quando vão embora. Se aceitar um copinho de café, jogá-lo fora será sua responsabilidade. Não deixe nada para ser limpo depois.

O palco de vendas deve ser montado por você. Não deixe nada ao acaso. Deixe isso para o concorrente. Considere estas regras simples para apresentações eficientes:

- *Não tenha um roteiro escrito.* Você lerá palavra por palavra, e isso é ruim.
- *Não faça observações extensas.* Você se tornará um escravo das palavras anotadas.
- *Envolva o público.* Faça perguntas; solicite *feedback*.
- *Use recursos visuais.* Eles o ajudam a transmitir a mensagem e aumentam a absorção.
- *Faça seu dever de casa.* Conheça o passado e os interesses dos participantes.
- *Pratique, pratique, pratique.*

O TELEFONE É UM PALCO VERBAL

Secretárias eletrônicas e correios de voz são conveniências maravilhosas que podem ser barreiras para qualquer um em vendas. Evite deixar mensagens na secretária eletrônica (ou mesmo com outra pessoa) pedindo a alguém que você não conheça que responda à ligação.

Por que alguém que é assediado com ligações telefonaria para um estranho? E se o possível cliente responder à ligação e cair na sua secretária eletrônica ou no seu correio de voz? Pior ainda, e se o futuro cliente telefonar e você não lembrar o nome dele ou o motivo por que deixou uma mensagem para ele? Isso pode ser embaraçoso para você e irritante para o cliente.

Todos os estudos com que tive contato indicam que abdicar sua presença em favor do correio de voz, na verdade, diminui suas chances de fazer uma venda.

Qual é a melhor coisa a fazer quando você se vê no mundo dos correios de voz? Existem várias opções: a melhor pode ser contatar um assistente para descobrir qual é a melhor hora para ligar novamente. Se o assistente não souber ou não quiser cooperar, mude de assunto e telefone em uma outra hora. Às vezes, é possível falar com o contato telefonando cedo, tarde ou na hora do almoço, quando o assistente normalmente não está.

Na maioria das situações, não peça que respondam à ligação. Se for necessário, diga que não quer deixar recado porque estará fora do escritório e será difícil encontrá-lo. Por quê? Porque no minuto em que pede ao futuro cliente que responda à sua ligação, você perde a iniciativa.

Existe uma exceção a essa regra: se você já desenvolveu algum tipo de relacionamento com a pessoa com quem está tentando falar, pode deixar seu nome e número de telefone. Deixar o nome da pessoa que o indicou geralmente é eficiente.

As mensagens para as pessoas que telefonam para você também são importantes. Instrua seu assistente a utilizar a frase "Saiu para o almoço" somente durante o horário normal de almoço. Se ele disser que você está almoçando às duas da tarde, a pessoa pode entender errado.

Os telefones são ótimos aparelhos de comunicação quando você estrutura as circunstâncias para que ele seja usado a seu favor.

SEU E-MAIL É VOCÊ!

O e-mail é uma forma rápida de comunicação. É muito fácil cometer erros banais em seu e-mail; portanto, seja cuidadoso.

Um estudo mostra que, na comunicação verbal, as palavras correspondem a apenas 7% da mensagem, a inflexão da voz corresponde a 38%, e as expressões não vocais, como movimentos faciais, de olhos e corporais, correspondem a 55%. Obviamente, muito do "sentido" da comunicação se perde na comunicação escrita.

Considere estas orientações:

- A palavra escrita pode parecer mais crítica do que a falada. Informações pessoais delicadas e comentários que possam ser vistos como críticas devem sempre ser feitos pessoalmente, sem exceções!
- Nunca comunique más notícias por e-mail. Não se pode comunicar sentimentos de maneira eficiente por e-mail, e não é possível ver a reação da outra pessoa.
- A venda escrita de uma ideia pode ser vista como uma ordem enviada por pombo-correio e, assim, pode ser mentalmente rejeitada. Você precisa de uma comunicação interativa para conseguir que sua venda seja recebida pela outra pessoa.
- E-mails de agradecimento são convenientes, mas uma nota de agradecimento é mais pessoal.

O e-mail tem grande utilidade na comunicação:

- É muito bom para dar sequência e fazer atualizações. E-mails curtos podem demonstrar um bom atendimento ou um senso de urgência.
- Manter contato por e-mail o mantém em evidência na mente do cliente, ao mesmo tempo em que demonstra respeito pelo tempo do cliente.

É sempre bom esperar um tempo (no mínimo algumas horas) entre escrever um comunicado e enviá-lo. Dessa forma, você pode conferir a gramática e o conteúdo. Normalmente, você vai agradecer por ter feito isso. A comunicação escrita é sempre melhor quando tiramos algo. Menos é mais. Se o e-mail é especialmente importante, leia-o em voz alta ou diga as palavras em silêncio. Você ficará surpreso com os erros que terá de corrigir.

Basta mais um clique do mouse para colocar cor no seu e-mail. Sempre faço isso. Palavras coloridas fazem sua mensagem parecer única e podem aumentar o nível de interesse.

SABEDORIA ATEMPORAL

Sua comunicação *é* sua mensagem. A forma é tão importante quanto o conteúdo. Melhore sua comunicação e clareie sua imagem.

23
Faça Perguntas e Ouça

Para fazermos estimativas corretas de qualquer situação, devemos reunir informações. Para reunir informações, devemos fazer perguntas e ouvir as respostas. Estimativas corretas não podem ser feitas em diálogos em que nós falamos a maior parte do tempo ou agimos de um modo que impede o fluxo de informações. Você deve chegar às informações através de perguntas que visem criar condições que o levem à vitória.

Você pode esculpir esta verdade em concreto:

- *A venda não é feita pela fala.*
- *A venda é feita pelo ouvir.*

É um fato: quanto mais ouvimos, mais aprendemos sobre nossos possíveis clientes e, assim, se torna mais fácil descobrir seus "pontos quentes". Não é o que falamos que faz a venda; é o que conseguimos fazer com que os futuros clientes falem. Quanto mais ouvimos as razões pelas quais o cliente quer comprar, mais podemos ajustar nosso produto ou serviço para suprir a necessidade do cliente.

É um paradoxo: quanto mais falarmos ao cliente potencial, mais barreiras poderemos erguer contra a compra. Quanto mais o possível cliente falar, mais próximos estaremos das respostas.

AS PERGUNTAS SÃO A RESPOSTA

Fazer perguntas é uma ótima maneira de melhorar sua capacidade de ouvir e fazer acordos vencedores. Faça com que os futuros clientes dêem as respostas; eles se sentirão melhor e mais convencidos das próprias respostas do que de sua conversa. Se conseguir que seu possível cliente fale o que você quer falar, a afirmação dele terá mais credibilidade que a sua.

Sócrates disse que a única razão para um diálogo é preparar o caminho para uma pergunta. As perguntas mantêm você no controle. Pense em quando o Joãozinho pede um carro ao pai. A recusa cria a oportunidade para mais perguntas: "Por que não posso ter um carro?" ou "Você não me ama?". A lista continua e o pai sente-se frustrado porque as perguntas são a tentativa do Joãozinho de controlar a situação.

Perguntar leva-o a descobrir informações e o mantém no controle. Por que falar se você pode aprender muito ouvindo as respostas às suas perguntas?

Quando o presidente de uma empresa me disse, certa vez, que precisaria ir a uma outra cidade para conversar com a equipe de uma empresa recentemente adquirida sobre um problema que havia surgido, perguntei: "Qual é a lista de perguntas que você quer fazer?". Isto é básico para vencer: a pessoa que faz perguntas tem o controle da discussão. A pessoa que está no controle frequentemente vence.

Em situações de vendas, os clientes ficam frustrados quando fazemos uma pergunta para a qual eles não sabem a resposta, e ficam satisfeitos quando fazemos uma pergunta para a qual sabem a resposta. Então, aja de acordo.

No nível mais básico, existem dois tipos de perguntas:

- *Perguntas abertas*. Uma pergunta aberta encoraja o cliente a responder livremente. É o tipo de pergunta "fale mais". Perguntas abertas descobrem necessidades e informações básicas.
- *Perguntas fechadas*. Perguntas fechadas podem geralmente ser respondidas por um sim, um não ou uma alternativa.

Um grande cardápio de variações pode ser derivado desses dois tipos de perguntas. Os nomes aplicados às variações indicam sua natureza: perguntas diretas, perguntas de múltipla escolha ou perguntas reflexivas.

Minha pergunta favorita é a reflexiva, usada simplesmente para parafrasear (refletir) o comentário da outra pessoa, fazendo dele a sua pergunta. Por exemplo, quando a outra pessoa diz "Não funcionará", repita a afirmação na forma de uma pergunta reflexiva "Não funcionará?" – em um tom suave, porém enigmático. Com essa abordagem, você não aceita nem recusa a rejeição. Em vez disso, você mantém sua posição e pede mais informações. A pergunta reflexiva interroga enquanto dá um tempo para você pensar.

Seja uma esponja – absorva informação. Você não conseguirá muita informação se só você falar. Nunca deixe de ouvir.

O Departamento de Recenseamento Americano utiliza uma abordagem de questionamento que pode funcionar para você. Um dos problemas encontrados pelos recenseadores é fazer com que as mulheres digam sua verdadeira idade. Aqui está um diálogo que funciona. Em uma entrevista, os recenseadores utilizam a seguinte sequência de perguntas:

P.: Quem é o chefe da família?

R.: James Jones. Ele está no trabalho agora.

P.: O Sr. Jones é casado?

R.: Sim.

P.: Qual é o nome da esposa dele?

R.: Jane Marie Jones.

P.: Qual é a idade da Sra. Jones?

R.: 42.

Observe que ele não pergunta qual é "a sua idade". Com base nesse diálogo, você pode extrair uma ideia para conseguir mais informações de seus possíveis clientes.

SEJA UM OUVINTE ATIVO

Nós nascemos com dois ouvidos e uma boca por uma razão. Mas não ouça apenas com os ouvidos; ouça com o corpo todo. Seja um ouvinte ativo. Anote, se for apropriado, e deixe que o futuro cliente perceba que você está interessado o suficiente para fazer anotações. Anotar o que é falado o mantém ativamente envolvido e concentrado no que está sendo dito.

Use linguagem corporal, e seus hábitos de ouvir melhorarão automaticamente. Incline-se para frente intencionalmente. Olhe o cliente potencial nos olhos e concentre-se na informação valiosa que você está ouvindo. Leia os sinais de compra que indicam que o possível cliente está pronto para agir.

Aqui estão algumas regras para ouvir que se aplicam muito bem tanto a situações individuais quanto a situações em grupo:

- Se mantivermos nossa boca fechada, nossos ouvidos estarão mais atentos.
- Ouça atentamente. Concentre-se. Mantenha contato visual. Tenha uma boa postura corporal. Uma atitude fisicamente alerta nos mantém mentalmente alerta.
- Tome cuidado para não interromper quem está falando. Essa ruptura do processo de pensamento é irritante.
- Sempre que possível, estruture a situação de venda para evitar interrupções externas ou distrações.
- Seja o espelho de quem está falando. Sorria quando a pessoa sorrir. Concorde quando a outra pessoa concordar.

- Meça o quanto foi dito. Depois, pense em quanto cada pessoa falou. Dividir o tempo da reunião pelo número de pessoas presentes dá o quociente médio de fala. Compare esse quociente com o seu próprio tempo de fala.

- Use o nome dos participantes com frequência. Isso fortalece o seu relacionamento e aumenta o nível de atenção que você recebe. Essa técnica funciona bem com indivíduos e em situações de grupo.

- Em grupos, faça com o que os membros mais quietos participem. Peça a opinião deles. Consiga que os comentários que seriam feitos após a reunião sejam feitos enquanto ela acontece. Uma pergunta simples como "Frank, qual é a sua opinião sobre essa ideia?" é uma maneira não ameaçadora de conseguir informações.

Boas frases para uma comunicação interativa são:

"O que eu ouvi você dizer foi..." Essa paráfrase das palavras da outra pessoa chama a atenção dela e esclarece a comunicação.

"O que eu quero que você ouça é..." Essa técnica é mais direta e pode ser usada com uma frase pronta em conversas de vendas para enfatizar algo que seja de especial interesse do cliente.

COMECE OUVINDO

É muito importante começar o processo de ouvir desde o início da venda.

Por que os vendedores novos, ou os vendedores experientes que estejam trabalhando com um produto ou serviço novo, querem falar o tempo todo? A razão é que eles temem que o futuro cliente faça perguntas que eles não saibam responder.

Certa noite, em Kalamazoo, Michigan, jantei com um dos meus vendedores. Para treinar, disse: "Jim, venda-me a nossa franquia". Cronometrei 27 minutos de uma apresentação contínua. Não posso dizer que ouvi o tempo todo porque o ciclo normal de atenção é de 3 minutos. Por fim, já desesperado, interrompi e perguntei: "Jim, por que não me fez nenhuma pergunta? Por exemplo, se eu acho que poderia aumentar meus lucros com a nossa franquia?". Ele disse: "Jerry, eu pensei que você diria 'Não'." A venda começa quando o cliente diz "Não". Essa foi uma oportunidade de ouro para lembrar Jim da importância das perguntas como forma de ouvir.

Inúmeras vezes imaginei já saber o que o cliente queria e me lancei direto para a apresentação. Algum tempo depois, normalmente tarde demais, descobria que o que eu estava vendendo não era o que o cliente potencial queria comprar. Ele tinha uma necessidade inteiramente diferente que eu poderia ter descoberto através de perguntas que exigissem um pouco mais que uma resposta "Sim" ou "Não" – perguntas abertas, como "Qual é seu objetivo principal?" ou "Qual é o problema principal a ser resolvido?". Dessa forma, eu poderia ter me concentrado no que o cliente queria comprar, e não no que eu tinha para vender.

Nunca deixe de ouvir. Se sua empresa não estiver fazendo pesquisas de acompanhamento com os clientes atuais e antigos, comece agora.

Quando fizer apresentações em grupo, não deixe que a brevidade das respostas às suas perguntas o desequilibre. Alguns membros de grupos podem estar inseguros quanto a seus papéis. Se o chefe estiver sentado na última fileira, isso pode causar medo em alguns participantes.

Alguns clientes querem ouvir o que você tem a dizer primeiro. Tudo bem. Adapte seu estilo de apresentação à solicitação deles. Após completar a apresentação, pergunte como o seu produto pode suprir a necessidade deles.

Faça da capacidade de ouvir ativamente por meio de perguntas abertas a marca principal do seu estilo. Isso garante que você consiga o máximo de informações em cada apresentação.

POR QUE O "POR QUÊ?" É UMA PERGUNTA ERRADA

Se quiser saber a razão que existe por trás da resistência do cliente, "Por quê?" é a pergunta errada. A palavra soa como se você estivesse argumentando e pedindo justificativas da posição dele. Eu me lembro muito bem do dia em que o primeiro sargento do exército disse: "Subordinados nunca perguntam por quê, somente generais perguntam por quê".

Por exemplo, quando o possível cliente disser: "Seu preço está muito alto", não pergunte "Por quê?". Em vez disso, faça uma pergunta como: "Que valor você está considerando?". Quando o futuro cliente diz: "Acho que o seu produto não funcionará", não pergunte "Por quê?". Em vez disso pergunte: "O que lhe dá essa impressão?".

A melhor abordagem é sempre se afastar do ameaçador "Por quê?" para tentar extrair a razão por trás dos comentários do cliente.

CONTINUE OUVINDO

Claro que nós queremos falar para que o possível cliente perceba como somos inteligentes. O cliente potencial *realmente* sabe que somos inteligentes quando "ouvimos" a informação que ele quer compartilhar. O futuro cliente realmente sabe que conhecemos os assuntos importantes para ele, quando *ele* nos dá essa informação.

Você pode pensar mais de quatro vezes mais rápido enquanto ouve do que enquanto fala. Aproveite a vantagem auditiva.

Tome cuidado com a terrível tendência de tentar se fazer entender assim que o cliente pára de falar. Já me vi fazendo isso antes de o cliente terminar de fazer seus comentários. Ao interromper as últimas palavras do cliente, transmiti a mensagem de que não estava ouvindo e, portanto, pareci mal-educado. Eu estava tão ansioso para dizer o que queria que realmente não ouvi o que estava sendo dito pelo cliente. Em razão de eu ter interrompido a apresentação dele, provavelmente ele não ouviu o que eu tinha a dizer.

TENHA UM TERCEIRO OUVIDO

O "terceiro ouvido" geralmente se encontra nas entrelinhas. Enquanto você ouve o que está sendo dito com os dois ouvidos, use o conceito do terceiro ouvido para observar a linguagem corporal de quem está falando e avaliar o que não está sendo dito. Isso o ajuda a perceber os motivos do cliente, a autoridade de tomada de decisão e as emoções por trás da venda.

Você descobre a vantagem do terceiro ouvido quando mergulha mentalmente nas razões que estão por trás do que está sendo dito. É aí que o ouro está escondido.

SABEDORIA ATEMPORAL

Normalmente sei que tive uma experiência de venda ruim quando fui o único a falar. Quando sou o único a falar, não entendo a "forma" da necessidade do meu possível cliente. Vender significa ouvir ativamente.

24

Transforme os Problemas em Oportunidades

*Um comandante deve criar uma situação proveitosa
acima e por cima das regras normais.*
— Sun Tzu

 Se não existissem problemas, não haveria necessidade de pessoas que pudessem resolvê-los. A tarefa do vendedor é fornecer soluções para os problemas dos clientes – ou para os clientes com problemas que não sabem que têm ou terão.

Encontrar problemas é o alvo da prospecção de clientes. O corretor de imóveis concentra-se em encontrar pessoas que tenham problemas para comprar ou vender uma casa. O vendedor de seguros transforma o problema da segurança familiar em uma oportunidade. As pessoas que vendem programas de computador normalmente abrem novos caminhos quando fornecem soluções.

IDENTIFIQUE OS PROBLEMAS

Em grandes empresas, ter uma boa leitura dos problemas pode ser um desafio. Clientes potenciais podem não falar diretamente sobre seus problemas. Talvez estejam preocupados com as informações que possam chegar aos concorrentes, aos colegas ou à alta gerência.

Aqui estão algumas maneiras de encontrar informações que o direcionam às perguntas certas:

- Leia relatórios trimestrais e anuais. É impressionante como não fazemos isso com frequência. Tente ter ideias a respeito dos principais pontos fortes. Procure respostas a boatos que podem estar escondidas na mensagem do presidente. Estar familiarizado com os relatórios corporativos pode lhe dar uma ótima oportunidade para de- monstrar calmamente que você tem feito seu dever de casa.

- Pesquise sobre os mais bem-sucedidos produtos ou serviços dos possíveis clientes. Esse conhecimento pode vir de relatórios e de outras pessoas do setor dele. Mencionar um elogio feito por um cliente é mais uma prova de que você fez seu dever de casa e pode lhe dar a oportunidade de falar sobre os sucessos de seu possível cliente.

- Comece com um problema conhecido da empresa. Se puder mostrar conhecimento do problema e oferecer soluções, terá uma grande oportunidade. Apele para o desejo do comprador de ser a pessoa que encontra soluções para aumentar os lucros da empresa.

UM PROBLEMA É UMA OPORTUNIDADE

Quando vendíamos um produto por intermédio de varejistas, sempre publicávamos nosso maior evento de vendas do ano nos jornais locais. Em certa ocasião, no meu mercado principal, os jornais entraram em greve antes de os anúncios serem publicados. Ao comprar grandes espaços para comerciais nas estações locais de televisão e revender esse tempo aos varejistas, transformamos o problema em oportunidade. Na verdade, compramos tempo suficiente para nos tornarmos o anunciante dominante na nossa categoria de produto. Temporariamente, éramos os donos do contato entre a mídia e o cliente. O resultado foi a maior venda já feita. O grande problema produziu nossa maior oportunidade.

Enquanto viajava, conheci dois comerciantes australianos que pegavam os problemas das pessoas e os transformavam em oportunidades. Estavam fazendo sua fortuna encontrando produtos excedentes em um país e vendendo-os em outro. As melhores oportunidades foram encontradas em países que estavam começando a fazer parte do mundo livre.

PROCURE AS OPORTUNIDADES

Se você não tiver um problema, encontre um para que possa lucrar com a oportunidade. O antigo provérbio "Se não estiver quebrado, não conserte" foi substituído por um novo: "Se não estiver quebrado, você não olhou o suficiente".

> ### SABEDORIA ATEMPORAL
>
> Em todo problema existe uma oportunidade. A chave para encontrar essa oportunidade está em analisar detalhadamente o problema. Descobrir a solução não é uma tarefa fácil; é por isso que um problema é um problema.

O Segundo Passo:
MAXIMIZE A NECESSIDADE

Identificar a necessidade não é o suficiente; ajude seu possível cliente a entender o nível máximo dos benefícios ao longo do tempo.

Ajude seu cliente a compreender o valor vitalício do seu produto ou serviço. Gastar um pouco mais pode significar muito. Fale sobre o prazer ou valor adicional obtido a cada dia ou semana. Se o valor adicional do seu produto ou serviço equivale a mil dólares por mês, isso representa doze mil dólares por ano e 120 mil dólares em 10 anos. Uau!

O custo de um produto ou serviço distribuído por seu uso vitalício pode ser reduzido a centavos por dia. Em vendas para usuários finais, isso pode ser comparado ao custo de uma xícara de café por dia. Em vendas para compradores industriais, esse custo pode ser reduzido a uma taxa anual baixa durante a vida útil do produto.

Não menospreze o seu valor; expresse-o em termos de benefício diário durante um período de tempo.

25
Amplie ou Reduza

*Quando águas torrenciais arremessam rochas, é por causa
do movimento.
A energia é similar a um arco completamente estendido.
O momento certo, ao lançamento da flecha.*
— Sun Tzu

 Ampliar ou reduzir é um processo "torrencial" para ampliar
os benefícios ao máximo e reduzir os custos ao mínimo. Essa
variação proporciona um movimento importante à venda.
Quando você amplia, maximiza os benefícios. Quando você reduz, diminui
os custos do seu produto ou serviço ao mais baixo denominador comum.

Aqui está como essa variação funciona.

AMPLIAÇÃO

Para ampliar, multiplique seu benefício anual pela vida útil do seu produto.
Por exemplo, cem mil dólares de lucro extra em um ciclo de vida útil de
10 anos resultam em um milhão de dólares.

Um dos meus melhores vendedores iniciava a venda de uma de
nossas franquias perguntando ao possível cliente: "Como você gostaria
de ganhar um milhão de dólares?" Esse era o lucro que um futuro cliente
podia esperar com uma de nossas franquias durante a sua vida. O vendedor validava a afirmação do cliente ao trabalhar com os números do lucro

anual e multiplicá-lo pelo número de anos remanescentes antes que o possível cliente vendesse seu negócio. Por exemplo, 50 mil dólares por ano durante 20 anos equivalem a um milhão de dólares.

REDUÇÃO

Para reduzir, aplique o mesmo princípio aos custos. Por exemplo, um investimento de cem mil dólares dará, em média, apenas dez mil dólares por ano durante um ciclo de dez anos. (Observe que a palavra *custo* se tornou *investimento*.) Dividindo-se esse valor anual pelo número de semanas em um ano, chegamos a menos que 200 dólares por semana, o que significa menos de 30 dólares por dia.

Meu melhor profissional de vendas utilizou a técnica de reduzir custos para vender aos varejistas *outdoors* com o nome do nosso produto. Afinal, um letreiro gigante de 15 mil dólares chamaria muita atenção. O letreiro duraria 10 anos e o investimento médio seria de apenas 1.500 dólares por ano, ou aproximadamente quatro dólares por um anúncio exposto 24 horas por dia. A rua estaria cheia de clientes potenciais durante cerca de 15 horas por dia, portanto, o investimento por hora seria de 25 centavos. Ele vendeu muitos letreiros e estes, muitos produtos.

Um investimento extra de mil dólares durante um ciclo de 4 anos representa 250 dólares por ano, ou 5 dólares por semana, ou 70 centavos por dia. Compare os 70 centavos por dia com o preço de um biscoito. Compare o investimento com os benefícios adicionais que podemos ter comendo um biscoito por dia. Uau!

A VARIAÇÃO FUNCIONA!

Essa variação é útil para qualquer pessoa que esteja vendendo qualquer coisa. Já usei essa técnica para maximizar os benefícios de um investimento de capital e novamente, no minuto seguinte, para minimizar os custos. Já vi a variação reduzir os custos de um programa multimilionário de treinamento de uma grande corporação para um baixo investimento diário por participante.

Quando possível, expresse as mais baixas unidades diárias de investimento em termos ridículos, como o custo de um Big Mac ou de uma porção de batatas fritas.

Amplie para maximizar os aspectos positivos como, por exemplo, poupança ou valores. Reduza para diminuir ou minimizar os aspectos negativos como, por exemplo, investimento, tempo ou distância.

Sabedoria Atemporal

A variação é um processo simples. Multiplique os benefícios ao máximo; reduza os custos ao mínimo.

26
Equilibre a Balança

O comandante que marca mais pontos
durante os cálculos no templo, antes da guerra,
terá maior probabilidade de vitória.
— Sun Tzu

 Depois de completar um passeio turístico em uma mina de prata nas montanhas do Colorado, pedi ao antigo garimpeiro que me vendesse pó de prata em quantidade equivalente a um dólar.

Ele pegou uma antiga balança e colocou um dólar de prata em um dos lados. O lado vazio subiu. Depois, ele começou a colocar pó de prata no lado vazio. Quando os dois lados da balança estavam equilibrados, eu sabia que tinha pó de prata em quantidade equivalente a um dólar.

Entretanto, ele não parou de espalhar o precioso pó, e logo um dos lados com pó estava mais inclinado – a meu favor. Eu sabia que tinha mais que um dólar em pó de prata – um valor real. Queria ir embora com meu pó antes que ele pegasse um pouco de volta.

MARQUE MUITOS PONTOS

O processo de vendas é bem parecido. Seu produto ou serviço fica em um dos lados da balança, e do outro lado, seu diálogo com o cliente determina o valor dos benefícios. Quando o valor dos benefícios percebido pelo cliente equivale ao preço do produto ou serviço, você consegue a venda. Se puder elevar um dos pratos da balança, maximizando o valor percebido pelo cliente, a venda será realizada com maior facilidade – e fará com que seu cliente fique mais feliz. Clientes felizes são clientes que retornam.

O valor adicional ajuda a superar o remorso de comprador, que ocorre logo após uma compra ter sido realizada. Quando conseguimos um bom negócio, temos menos propensão a querer devolver a compra. Quando adquirimos algo de grande valor, nossa maior preocupação é manter a compra, e não devolvê-la.

Nós ganhamos quando os clientes acreditam que estão conseguindo mais do que o dinheiro que eles empregaram. Ao medir o valor dos benefícios, a percepção do cliente é a realidade.

Se olharmos para o peso dos benefícios somente pelo nosso ponto de vista, podemos perder a venda. O que conta é a percepção do cliente. Nosso trabalho é ajudar o cliente a julgar o valor. Para realizarmos bem o nosso trabalho, devemos entender o valor a partir do ponto de vista do cliente.

Depois de fechar a compra de um carro novo no Natal, o vendedor me pediu que pegasse um envelope na árvore de Natal. Explicou que os envelopes continham presentes entre 100 e 500 dólares, destinados a seus melhores clientes. Fiquei tão satisfeito por ser considerado um dos melhores clientes que retornei alguns anos depois para comprar outro carro, além de ter recomendado essa revendedora a vários amigos.

SEU VALOR AGREGADO

O caminho para a venda é levar valores agregados ao cliente. Um desses valores é você; outro é a sua empresa. Preencha a balança com valores agregados importantes para os clientes. O que faz a venda ser boa é o valor que você agrega pessoalmente ou em equipe. O que é crítico para o cliente não é só o que o seu produto ou serviço fará; é o valor que você agrega pessoalmente com a promessa de um relacionamento de serviço contínuo. Encontre oportunidades que aumentem seu valor. Mantenha contato com o cliente. Ligue para a matriz e coloque sua equipe nesse esforço.

O mantra do *fast food* é QSVL, que significa *qualidade, serviço, valor e limpeza*. Cada rede busca a excelência nessas áreas. Uma rede de farmácias adotou o nome de CVS. Você adivinhou. As iniciais querem dizer *conveniência, valor e serviço*. Infelizmente, a empresa usa apenas as iniciais, então o significado das palavras se perdeu.

Qual é seu mantra para seu valor pessoal agregado? Certamente, você quer qualidade e serviço. E o valor pessoal que vem do *conhecimento* e do *relacionamento*?

Como Sun Tzu disse: "O comandante com mais pontos terá maior probabilidade de vitória".

SABEDORIA ATEMPORAL

Adicione um valor pessoal a seus relacionamentos, além do que você traz como representante da sua empresa. Isso requer um conhecimento extensivo de seu negócio e de seu setor.

O Terceiro Passo:
SUPRA A NECESSIDADE

Vender tem sido definido como um diálogo em que o vendedor e o cliente potencial analisam as necessidades do possível cliente e chegam a uma decisão mutuamente lucrativa.

Fechar a venda é suprir a necessidade do possível cliente. Os livros escritos sobre o fechamento de uma venda retratam-no como um momento mágico em que fazemos com que o cliente diga "Sim" e passe para o nosso time. Não é dessa maneira que funciona no mundo real. Bons profissionais de vendas estão sempre pedindo para fechar uma venda ao servir continuamente o cliente. A decisão de comprar é o resultado de uma cadeia de experiências interativas.

APELO ÀS EMOÇÕES

Algumas pessoas acreditam que a decisão do cliente de comprar é lógica. Na maioria das vezes, não é. A decisão de comprar é emocional. A emoção normalmente está mais voltada para o benefício dos produtos do que para o preço. Apelar às emoções ajuda a sustentar o preço. Essa é uma das grandes razões por que pagamos mais por marcas de qualidade.

> ## Para ter êxito, você deve conquistar o coração do cliente. A maneira de fazer isso é por meio da emoção, o poder que faz as pessoas agirem.

Fatos lógicos e concretos apelam para o senso comum e para as necessidades visíveis. A lógica e os fatos são o esqueleto de uma venda bem-sucedida. Eles devem ser revestidos por músculos e pele e alimentados pelo calor de um coração. As emoções trazem a lógica e os fatos à vida quando despertam o coração. As emoções levam as pessoas a tomarem decisões.

A grande força motivadora em toda transação é encontrar uma maneira de ganhar um benefício ou evitar uma perda. Como discutido anteriormente, a variação maximiza esses pontos fortes. Às vezes, o benefício emocional que provoca a decisão é claro, como quando Andrew Carnegie vendeu a George Pullman a ideia de unir seus interesses no vagão-leito[1]. Depois de ouvir a lógica e os fatos, Pullman perguntou: "Como se chamaria a nova empresa?" Sempre voltado para as vendas, Carnegie respondeu: "Pullman Company, naturalmente".

Aprendi sobre a influência das emoções sobre as decisões de compra em um dia de inverno, quando viajava pelo Oregon visitando clientes antigos e vendendo um novo *design* para um produto estabelecido. Para cada cliente, fiz uma apresentação muito lógica sobre como a alteração no novo produto seria vendável. Na cidade de Klamath Falls, o proprietário estava doente e a decisão de comprar seria tomada por outra pessoa. Depois que finalizei minha apresentação cuidadosamente preparada e minuciosamente ensaiada, que havia funcionado tão bem nos outros lugares, ouvi a resposta: "Concordo com tudo o que você diz, mas não gosto do *design* e não comprarei o produto".

Mais tarde, enquanto pensava por que não havia conseguido fechar aquela venda, compreendi que houve uma reação emocional. Eu não tinha conseguido vender aos demais compradores em razão de uma apresentação lógica. Eles compraram porque acreditaram (uma emoção) no meu conselho, por causa de um relacionamento longo, e não por causa da lógica. Eu não tinha credibilidade (uma emoção) com o novo comprador.

Nós realmente fazemos apresentações racionais e pensamos que conseguimos uma decisão lógica, mas por trás dessa decisão existe uma base emocional.

Nas vendas entre empresas, essa base emocional é o desejo de sucesso por parte dos compradores, para que possam manter seus empregos, conseguir aumento de salário, ser promovidos ou reconhecidos pelo valor de suas decisões. Uma emoção diferente está por trás da venda para empre-

---

1 N. da T.: O vagão-leito, também conhecido como carro-Pullman, foi inventado por George Pullman em 1857.

endedores que possuem pequenos negócios. Os compradores corporativos vêem a venda como uma transação comercial com benefícios que podem torná-los heróis; os empreendedores vêem o custo saindo diretamente dos lucros que querem obter para realizar seus sonhos.

Na venda aos clientes finais, a natureza emocional da transação é nítida. Nós a vemos com mais frequência na reação quanto ao estilo, quando o cliente simplesmente diz: "Eu gosto disso" ou "Eu não gosto disso".

Algumas decisões necessitam de tempo para que o cérebro analise a situação. As pessoas são mais convencidas pelo tempo do que pelos fatos. Dê tempo para que as emoções internas entrem em atividade.

Os melhores resultados de vendas acontecem quando reconhecemos a importância de entender e apelar às emoções.

VENDA A DIFERENÇA

Normalmente, não precisamos vender o pacote completo; o que precisamos vender é o valor adicional do nosso produto ou serviço.

Não caia na armadilha de vender o custo total do produto ou serviço. As discussões de preço devem abranger o diferencial de preço entre o seu produto ou serviço e um outro produto ou serviço que o cliente esteja avaliando.

O cliente potencial está gastando dinheiro em alguma coisa. Descubra o que ele está pensando em comprar e venda a diferença entre o custo daquele produto ou serviço e aquele que você tem para oferecer.

Concentre-se no valor agregado que diferencia seu produto ou serviço. Essa diferença pode estar em um menor custo na aquisição, em um menor custo operacional ao longo do tempo, ou em características de valor agregado e benefícios.

Vender a diferença pode ser uma grande oportunidade de aplicar o conceito de variação, porque tudo que você precisa ampliar ou reduzir é a diferença. Essa técnica realmente pode funcionar a seu favor, porque você pode ampliar a diferença dos benefícios enquanto diminui a diferença dos custos.

TRANSFORME TODOS OS TOMADORES DE DECISÃO EM HERÓIS

Quanto maior for a compra da empresa, mais provável que sejam necessárias muitas pessoas para dizer "Sim".

A melhor maneira de comer esse elefante é cortá-lo em diversos pedacinhos. Diferentes pessoas que influenciam a compra possuem necessidades diferentes que precisam ser consideradas.

Os tomadores de decisão nos níveis mais altos concentram-se nos benefícios econômicos da transação. Esses executivos são avaliados de acordo com o lucro e querem saber como o produto ou serviço afeta o resultado final. Em sua discussão, pense sobre o que o CEO pode dizer ao quadro de diretores sobre a compra. Se for necessária, a decisão favorável do CEO é vital para o sucesso da venda.

> O comprador-usuário quer saber como o produto ou serviço o ajudará a ter sucesso no trabalho. Consiga um "Sim" aqui, e você terá um forte influenciador a seu serviço.

Os departamentos técnicos estão interessados em saber se seu produto ou serviço está de acordo com as especificações técnicas. Eles são vitrines. O "Sim" deles abre portas; o "Não" é uma rejeição fatal.

Consiga a ajuda desses técnicos para conhecer as posições e as necessidades de todos os que influenciarão a decisão de compra. Não confie apenas em conversas e apresentações para defender suas posições. Dê sequência com cartas que resumam os pontos críticos para os influenciadores. Encontre maneiras de manter-se em contato com todos os níveis.

"Não venda o que não funciona. Fazer uma venda hoje que falhe amanhã envenena o poço das oportunidades futuras. Não existe pecado maior em vendas do que vender algo que faça com que você perca o cliente. Quando o cliente fica desapontado com os resultados do produto ou serviço, você destrói futuros negócios e oportunidades de indicações. Assim como as pessoas falam sobre o que gostam, também falam sobre o que não gostam. E, se realmente não gostam, normalmente falam para mais pessoas."

27

Ofereça uma Proposta Singular de Venda

*A lei das operações de sucesso é
evitar a força do inimigo e atacar suas fraquezas.*
— Sun Tzu

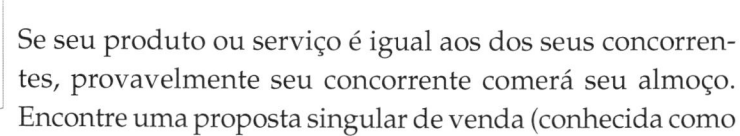 Se seu produto ou serviço é igual aos dos seus concorrentes, provavelmente seu concorrente comerá seu almoço. Encontre uma proposta singular de venda (conhecida como USP – *unique selling proposition*) que diferencie seu produto ou serviço e combine-a com um cliente que queira essa diferenciação.

A proposta singular de venda é uma característica ou benefício que não somente evita o ponto forte do oponente, como também enfatiza seu ponto forte perante os pontos fracos da concorrência. Por exemplo, se a característica de um carro novo é um sensor de ré, o beneficio é evitar acidentes e custos com reparos. Se você está vendendo a única marca (ou uma das poucas marcas) que possui essa característica ou benefício, você tem uma proposta singular de venda.

BUSQUE A MELHOR USP

Possuir o menor preço não é uma boa USP, porque um preço menor ainda pode derrotar seu preço baixo. A melhor USP é aquela que não pode ser facilmente copiada ou duplicada. Se você não tem uma USP, você tem um produto ou serviço que pode ser classificado como uma mercadoria.

TRANSFORME PROBLEMAS EM OPORTUNIDADES DE USP

Aqui está como minha amiga Alice Rutten, uma corretora de imóveis muito bem-sucedida, supera obstáculos ao "imaginar" uma USP que combine com o cliente.

Um colocador de azulejos que queria vender sua casa procurou Alice. Outros corretores tinham visitado a casa e dito que não era vendável porque possuía muitos azulejos. Alice me disse: "A casa não possuía azulejos apenas na cozinha e no banheiro; a casa toda era revestida de azulejos. Alguns cômodos tinham tetos de azulejos".

Alice sabia que os azulejos eram sua Proposta Singular de Venda e que somente alguém que apreciasse o valor e a arte de uma parede de azulejos se interessaria pela casa. Depois de preencher o acordo de venda, ela entrou em contato com todos os colocadores de azulejos listados nas Páginas Amarelas e encontrou um comprador antes de ligar para todos os nomes da lista.

Em outra ocasião, Alice teve a "oportunidade" de vender uma casa perto dos trilhos do trem em um subúrbio. Ela diz: "Não havia maneira de ignorar a presença dos trilhos. Eles ficavam bem na frente da casa. Percebi que a única pessoa que compraria essa casa seria alguém que gostasse de trens".

Trens e trilhos tornaram-se sua USP. Alice colocou um anúncio procurando pessoas que gostassem de trens. A casa foi rapidamente vendida para uma família que havia morado perto de trilhos e gostado da experiência. Quando Alice, certa noite, levou os novos proprietários para jantar, estes desceram às crianças que, como recompensa por serem boas, podiam ficar acordadas para ver o trem das 9 da noite.

Quando o produto não pode ser trocado, é tarefa do profissional de vendas ser criativo e encontrar uma USP que combine com o comprador certo.

Sabedoria Atemporal

A proposta singular de vendas é amiga do profissional de vendas. Sua tarefa é combinar a singularidade da sua oferta com o cliente. Essa é a forma mais elaborada de venda.

28

Faça o Extraordinário

Use a força normal para entrar na batalha;
use a extraordinária para vencer.
— Sun Tzu

Concentrar-se no extraordinário é uma das ideias mais úteis de Sun Tzu.

Pequenos esforços atingem pequenos resultados. Em vendas, geralmente tentamos alcançar vendas adicionais buscando por mais recursos: se tivéssemos mais tempo, mais clientes potenciais, mais consumidores ou mais reduções de preços.

Muitos planos de vendas conquistam pouco menos que uma pequena rixa com o concorrente e nenhum aumento significativo em sua posição com o cliente. Esqueça o comum; planeje uma inovação. Somente planos de vendas que envolvam um esforço extraordinário alcançam um sucesso extraordinário.

Um esforço um pouco maior do que o feito no ano anterior traz os mesmos resultados porque os concorrentes também estão melhorando. É necessário muita prática para chegarmos aos resultados desejados. Mas é dessa maneira que os jogos e as batalhas de vendas são ganhos; por meio de esforços que podem atingir resultados extraordinários.

FAÇA UM ESFORÇO EXTRAORDINÁRIO

Trabalhar duro não garante resultados extraordinários. Trabalhar duro só funciona quando você trabalha nas coisas certas. Trabalhar com inteligência – nas coisas certas – garante resultados. O cliente é a única pessoa que pode nos dizer se estamos com um foco adequado, e só entenderemos a mensagem se estivermos atentos.

Fico surpreso com a quantidade de vezes em que ouvi afirmações sobre soluções de problemas começarem com: "A coisa mais fácil a fazer seria..." A coisa mais fácil a fazer não é o que gera mais vendas. Muitos outros estão fazendo a coisa mais fácil. Quantas vezes encontramos o mesmo item em várias lojas? Duplicar o estoque não proporciona uma diferenciação e abre as portas para guerras de preços que absorvem nossos lucros.

Em uma cidade no Michigan, existe uma loja de calçados que estoca uma grande variedade de tamanhos dos mesmos calçados. Todos os que entram na loja recebem um cumprimento de um vendedor. Você provavelmente encontrará o calçado que procura no número certo. Em todo o Estado existem incontáveis lojas de sapatos que estocam apenas os números mais populares e os vendem com desconto. Essa loja singular não oferece descontos porque não vende o que todos os outros vendem.

UMA FÁBULA DE VENDAS

Stony Whittaker, de Bell Buckle, Tennessee, foi o melhor vendedor do ano em um território onde seu antecessor tinha desistido com desânimo, dizendo: "Não há potencial aqui. Todos andam descalços". Depois de alguns meses no novo território, Stony disse: "Existe um grande potencial aqui. Todos andam descalços".

Na seguinte reunião nacional de vendas pediram que Stony fizesse uma apresentação falando sobre seu sucesso. Quando Stony subiu ao palco, viu tantas pessoas na plateia que ficou com medo. Tudo que conseguiu murmurar ao microfone foi sua reação: "Veja as pessoas, veja as pessoas". E voltou para seu assento. Depois de um momento de silêncio, a plateia explodiu em aplausos porque eles perceberam que, naquelas poucas e simples palavras, Stony tinha captado a essência do sucesso: "Veja as pessoas".

Fazer ligações para "ver" todas as pessoas exige um esforço extraordinário que pode gerar resultados extraordinários.

O IMPORTANTE ALGO A MAIS

A diferença entre o primeiro e o último lugar na maioria dos empreendimentos, às vezes, é de poucos pontos percentuais. A diferença entre o primeiro e o segundo lugar em uma corrida olímpica pode ser medida em frações de milímetros ou milésimos de segundo. Em vendas, a diferença entre o vencedor e o perdedor é, normalmente, o resultado de um pouco de esforço extra.

No beisebol, assumindo que um jogador rebata 500 vezes durante uma temporada, um jogador com aproveitamento de 30% acerta 150 vezes e um de 25% acerta 125 vezes. Apenas uma rebatida a mais por semana durante a temporada separa uma estrela de um jogador medíocre.

Descobri que o contato com um cliente a mais por dia faz uma grande diferença em meus resultados ao longo do tempo. Aquele contato a mais por dia resulta em 20 contatos a mais por mês e 250 por ano. É uma grande rede de comunicações a mais trabalhando a seu favor. Se você não puder fazer uma ligação a mais por dia, mesmo metade desse número pode gerar um nível mais alto de sucesso.

Naturalmente, é preciso determinar onde o tempo e o investimento de energia extras gerarão melhores resultados. Talvez você precise investir o tempo extra em clientes regulares com grande potencial. Saiba que essa é a coisa mais fácil a se fazer; o mais difícil é fazer ligações para novos clientes potenciais.

O algo a mais pode ser o tempo investido em sua profissão. Conheci grandes vendedores que me falaram que acordavam mais cedo para estudar seu setor e sua profissão. Nunca consegui acordar muito cedo, mas sempre fui um aluno noturno.

A única coisa que pode ficar no caminho do nosso sucesso somos nós mesmos. Não seja como uma pessoa que fica encostada em um poste vendo as pessoas de sucesso passarem, e dizendo: "Podia ser eu".

DÊ ATENÇÃO EXTRAORDINÁRIA A SEUS CLIENTES

Todos os anos envio cartões aos clientes no Dia de Ação de Graças. Aprendi essa ideia com um vendedor varejista no Estado de Washington, que enviava cartões nessa data com versos escritos à mão na época em que não havia cartões prontos disponíveis. Cartões no Dia de Ação de Graças funcionam melhor que cartões de Natal porque se destacam, em vez de se perderem entre os vários cartões recebidos no Natal. Minhas pesquisas em congressos de vendas indicam que poucas pessoas recebem mais do que cinco cartões no Dia de Ação de Graças, e a maioria vem de parentes. É surpreendente quantas pessoas comentarão que gostaram do seu cartão nessa data inusitada.

O dia da Secretária é uma ótima ocasião para presentes. Uma pequena caixa de chocolates pode causar uma boa impressão. Passar e deixar um agrado é bom em qualquer momento. Nos dias de hoje, em que as pessoas se preocupam mais com a dieta, descobri que caixas de um novo tipo de biscoito salgado ou biscoitos doces em miniatura são bem recebidas. Você consegue resultados melhores com coisas novas porque elas despertam interesse e mostram que você está atualizado.

Pense no que mais preocupa o seu cliente e concentre-se em aliviar sua ansiedade. A ação pode ser uma ligação telefônica para avisá-lo de que o pedido já foi despachado ou para dar-lhe uma ideia que o ajude nos negócios. A ideia é continuar sendo você a pessoa que traz interesses e valores adicionais.

Às vezes, descubro que o simples fato de responder prontamente e estar sempre disponível é o suficiente para ser considerado especial. Isso acontece porque pouquíssimas pessoas entendem a ideia básica de estar realmente interessado em servir o cliente. É preciso algo a mais, mas não muito, que nos separe das massas. Pequenas coisas *realmente* significam muito.

SABEDORIA ATEMPORAL

Clientes especiais são aqueles que são tratados como clientes especiais. O tratamento especial parte de você. Não delegue essa importante tarefa.

29
Trabalhe as Vantagens

*Um comandante habilidoso consegue se estabelecer bem
usando a situação da maneira mais vantajosa.*
— Sun Tzu

 Você encontrará vantagens em todas as situações. A objeção do cliente não é má notícia; é boa notícia porque é uma solicitação de mais informações. Como é difícil quando um cliente não fala nada e não expõe seus pensamentos. As objeções que você nunca escuta são as que acabam com a venda. A discussão sobre a objeção é uma oportunidade para exercitar suas habilidades de persuasão.

Aqui estão maneiras para lidar com a transição de um "Não" para um "Sim".

CONCORDE

Steve Gissin, da Auragen Communications, em Rochester, Nova York, utiliza o termo *a favor* para descrever a atitude de concordar. Ele encoraja a equipe a ser *a favor* das ideias dos outros porque essa atitude nos ajuda a encontrar a força de uma ideia e melhorá-la. O apelo de Gissin para uma atitude desprendida é um exemplo útil de como uma abordagem positiva pode ajudar a construir oportunidades.

Ao receber uma objeção de um possível cliente, sempre responda com um comentário positivo que aceite a validade da objeção. O possível cliente levantou uma objeção porque acreditou que seria uma boa ideia – ou, talvez, uma boa desculpa para não fazer a compra. O desacordo assinala o começo de uma discussão. Discuta e você frequentemente perderá. Uma discussão vira uma briga de egos na qual os dois lados se afundam em suas posições. Quanto mais longa for a discussão, mais as pessoas se afundam em suas posições; estender a dimensão do tempo cria profundidade. Quando você concorda, inicia uma argumentação – uma exploração informativa calma e ponderada de ideias. Aqui está como você pode vencer combinando a atitude de estar "a favor" com uma expressão que sempre use "sim":

"Sim, eu entendo como se sente..."

"Sim, eu entendo seu ponto de vista..."

"Sim, você tem razão..."

"Sim, essa poderia ser uma boa razão..."

"Sim, você está absolutamente certo..."

Outras maneiras de expressar o valor da objeção são:

"Obrigado por ser tão sincero..."

"Fico feliz que o senhor tenha falado sobre isso..."

Selecione alguns desses exemplos e torne-os frases comuns no seu vocabulário.

Tenha cuidado: geralmente, as frases acima são seguidas pela horrível palavra *mas*, como em "Sim, eu entendo com se sente, *mas*..."

Você poderia muito bem ter dito "Não, eu não entendo como se sente". O *mas* derruba o cliente. O *mas* o leva na direção errada. Adicione um *mas* a qualquer frase e uma discussão se iniciará. Use o conectivo *e* para levá-lo a uma afirmação positiva depois do "Sim". Por exemplo: "Você certamente tem razão *e* vale a pena pensarmos no assunto".

O primeiro componente da resposta aceita o valor do comentário da outra pessoa. Complete a resposta pedindo mais informações ao usar perguntas abertas como "Fale mais", "Você poderia me explicar melhor?" ou "Eu gostaria de ouvir..."

Seu objetivo é fazer com que a outra pessoa fale tudo. Você conseguirá isso ao concordar com a opinião dela. Ela ficará satisfeita com a aceitação do comentário. Você terá desarmado o ego dela, e sua colocação será vista como algo construtivo. Agora você está do lado do futuro cliente e, nessa posição, pode ser um conselheiro. Você não é mais visto como um adversário.

Fazer mais perguntas para definir a objeção geralmente o leva a solucioná-la. Às vezes, a outra pessoa simplesmente explica melhor a objeção.

É verdade que as objeções são, na verdade, uma solicitação de mais informações e que a sua melhor resposta a uma objeção deverá ser a busca de mais informações e da natureza da objeção. Depois de ouvir a colocação do cliente, você pode prosseguir, respondendo à objeção com frases do tipo "Outros já se sentiram da mesma maneira, e..."

"APROVEITANDO" A OBJEÇÃO

Normalmente, a objeção pode se tornar uma resposta positiva. Quando o possível cliente diz que nunca ouviu falar do produto (ou empresa), você pode dizer: "Sim, é compreensível porque a reputação desse produto vem sendo construída de "boca em boca", e não por propaganda. O fato de a empresa não gastar muito dinheiro em propaganda é uma razão para o ótimo valor do produto". Depois, apresente alguns testemunhos – ou todos eles – para dar suporte à sua posição.

ANALISE UMA SITUAÇÃO SIMILAR

O cenário pode ser o seguinte: "Sim, eu posso entender como se sente. John Jones teve a mesma preocupação, e decidiu experimentar; depois deu-me sua opinião sobre o produto. Posso compartilhar as opiniões dele com você?" Tenha cuidado: não dê a sua opinião; diga o que Jones disse. Forneça nomes e telefones.

OFEREÇA AJUDA QUANDO OUVIR "VOU PENSAR MELHOR SOBRE ISSO"

Quando os clientes dizem que querem pensar melhor, ajude-os. Repasse uma lista de possibilidades para descobrir o porquê da hesitação. Diga, por exemplo: "Essa é uma ótima ideia. Sobre o que você quer pensar melhor? Sobre as datas para entrega?" (Pausa para resposta.) "Sobre o desempenho do produto?" (Pausa.) Continue com outras possibilidades. Um lembrete: não pare para respirar entre a pergunta "Sobre o que você quer pensar melhor?" e a primeira sugestão. Se você o fizer, o cliente dirá: "Sobre tudo!" Não mencione o preço logo no começo porque o cliente dirá que o preço está muito alto. Se você satisfizer o cliente em todos os outros pontos, a objeção quanto ao preço provavelmente desaparecerá.

Existe uma outra abordagem para "Vou pensar melhor". Você pode responder com: "Sim, essa é uma ótima ideia". Depois, acrescente: "Em uma escala de um a cinco, baseado no que o senhor já sabe e caso tivesse de decidir agora, em que ponto da decisão estaríamos, agora?" Vamos entender que um queira dizer "De jeito nenhum" e cinco queira dizer "Com certeza". Certamente, a resposta será menos que cinco, então pergunte: "O que faria com que a nota se tornasse cinco?" A resposta normalmente trará à tona a objeção escondida.

SABEDORIA ATEMPORAL

Tenha uma atitude de estar "a favor" e dizer sempre "sim". Transforme as objeções em vantagens que você possa usar para descobrir o que está impedindo o cliente de comprar.

30
Vencer É a Melhor Opção

Lance-os em uma situação em que não haja escapatória
e eles demonstrarão uma coragem imortal.
— Sun Tzu

 Já tivemos vitórias e derrotas. Vencer é muito melhor.

A BUSCA POR EXCELÊNCIA

Aproxime-se de cada oportunidade com a ideia de que você fará o melhor possível.

Você e seus clientes não querem ser os segundos colocados em nada. Você consegue se lembrar do nome de alguém que ficou em segundo em alguma coisa? Concentre-se em ajudar seu cliente a ganhar muito e você ganhará muito.

Depois de passar alguns anos como profissional de vendas, o proprietário de uma empresa me perguntou o que era necessário para se tornar um bom vendedor. Eu respondi: "É preciso ter fome e coragem". Quando me pediu mais detalhes, expliquei: "É preciso ter fome suficiente para precisar do negócio e coragem suficiente para fechar o pedido".

Qualquer que seja o produto, serviço ou ideia que você venda, ter fome suficiente para vencer o ajudará a ter a automotivação que lhe dará coragem suficiente para fazer a coisa certa.

CONTINUE TENTANDO

Em seu caminho para a vitória, honre a diferença entre persistir e incomodar:

Persistir é manter contato com o cliente usando técnicas e influências diferentes para dar suporte à sua causa.

Incomodar é usar o mesmo argumento para a compra repetidas vezes.

Um dos meus vendedores favoritos diz: "Eu mantenho contato com meus clientes até que eles comprem ou morram". Isso é persistência.

A persistência funciona quando você encontra um novo benefício, oferece termos diferentes ou simplesmente retorna as ligações com perguntas educadas. Persistir é manter o contato. Usar a mesma abordagem ou argumento repetidas vezes é uma pressão que incomoda – e não funciona.

Em um estudo sobre vendedores bem-sucedidos, um vendedor de sucesso fazia, em média, cinco tentativas antes de fechar o pedido. Entretanto, a abordagem para concluir o pedido em cada tentativa assumia formas diferentes.

Quando eu era um jovem representante de vendas tentando vender um novo produto, lembro-me de ter esperado do lado de fora do escritório de um comprador por várias horas após o horário marcado e depois ter retornado no dia seguinte porque a reunião teve de ser remarcada. Essa persistência me ajudou a conquistar o pedido de uma conta de grande potencial.

Cuidado: se estiver desesperado para vender, existe o perigo de você transmitir esse desespero ao cliente. Encontre uma forma alternativa para descarregar esse nervosismo.

SABEDORIA ATEMPORAL

Não desista se não conseguir o pedido na primeira tentativa. Cada tentativa subsequente significa que você está mais próximo do seu objetivo. Busque sempre maneiras diferentes de fazer com que o cliente queira comprar.

31
Seja Flexível

A tática muda em uma variedade infinita de formas
para se adequar às mudanças das circunstâncias.
— Sun Tzu

 Flexibilidade na tática é o ponto principal para o sucesso das vendas. Flexibilidade não significa se render ao oponente; significa entender o que o cliente precisa e adaptar-se às suas necessidades.

Recentemente, participei de um diálogo de vendas que me fez lembrar de um velho ditado: "Acenda a luz verde, Mac. O cara quer um terno verde". Nesse caso, o cliente realmente queria um tipo específico de terno. Entretanto, não era o que tínhamos disponível. Para vender, tivemos de ouvir cuidadosamente o cliente e adaptar o que tínhamos para atender à necessidade dele. Mais uma vez, a luz verde não funcionou – o que funcionou foi a flexibilidade para redesenhar o "terno" de maneira a adaptá-lo à necessidade do cliente.

Os clientes aprendem a ser mais sofisticados a partir das próprias experiências. A frase de Henry Ford "qualquer cor, desde que seja preto" funcionou até que a General Motors oferecesse carros em cores diferentes. Os hotéis em que nos hospedamos há 20 anos não estão no topo da nossa lista hoje, a menos que tenham constantemente renovado o produto e reinventado a experiência em serviços.

O antigo paradigma das vendas era baseado em pegar o que tínhamos para vender e encontrar onde poderíamos vendê-lo. O novo paradigma das vendas identifica as necessidades do cliente e adapta o produto ou serviço a essas necessidades. O melhor cenário é quando a necessidade do cliente é descoberta e validada pela nossa própria pesquisa.

TENHA ALTERNATIVAS

Não caia na armadilha de contar com um contato único em uma grande empresa. É importante ter uma boa base de contatos sólidos em diversos níveis de tomada de decisão nas grandes empresas, para que você tenha rotas alternativas de abordagem quando ocorrerem as inevitáveis mudanças de pessoal.

> # Às vezes, é uma boa ideia oferecer alternativas aos clientes para que as escolhas possam ser feitas de acordo com as necessidades deles.

Toda apresentação deve ter uma posição de reserva. O difícil processo de pensar nas alternativas fornece ideias que fortalecem a apresentação.

Todos os planos para executar o plano de vendas devem incluir os de reserva. As coisas nem sempre funcionam bem. Ao planejar alcançar a meta de vendas, planeje vender mais do que o necessário. Eu sempre desenvolvo planos para vender duas vezes mais do que a cota de vendas. Dessa forma, quando conseguir atingir apenas 50% do meu potencial, já terei conseguido cumprir o plano de vendas.

Desenvolvi essa ideia durante o ano em que recebi uma cota de vendas extremamente alta. Pensei: "Se a matriz foi tão ridícula, eu também serei". Agendei reuniões com minha equipe e discuti os lucros que teríamos se aumentássemos muito as vendas. Minha mensagem foi "dobre suas vendas e triplique seus lucros". Funcionou. Não precisei me preocupar em dobrar o volume no ano seguinte porque fui promovido a gerente de vendas. Essa promoção exigiu uma diminuição temporária nos meus ganhos, já que um gerente de vendas nem sempre ganha mais do que os melhores vendedores. Meu salário aumentou com o passar dos anos. Em vendas, existem duas rotas para o topo e para uma remuneração melhor: uma é como vendedor de alto nível; a outra é fazer parte da alta gerência.

As alternativas são necessárias para nos adequarmos às necessidades do cliente, que sempre mudam. O que os clientes querem este mês pode ser diferente do que pensavam querer no mês passado.

As alternativas que você oferece podem ser tão simples quanto a oportunidade de fazer pagamentos mensais em vez de um pagamento único, ou a oportunidade de aceitar sua proposta em dois ou três estágios em vez do pacote completo. Uma alternativa pode ser pagar uma parte neste ano fiscal e o restante no ano fiscal seguinte para que o preço final da compra possa ser distribuído nos orçamentos de dois anos fiscais.

PROCURE O EQUILÍBRIO

Os melhores planos têm uma combinação de flexibilidade e rigidez. Como o tronco de uma árvore, certas questões fundamentais devem ser rígidas. Os galhos da árvore são flexíveis para que a árvore possa se adaptar às situações de mudança. Por exemplo, o McDonald's possui padrões rígidos de qualidade, serviço, valor e limpeza. Entretanto, existe alguma flexibilidade no marketing local. No litoral do nordeste, comi uma torta de lagosta no McDonald's. Em Wisconsin, onde existe uma forte influência alemã, comi um *bratwurst* (salsichão) no McDonald's.

SABEDORIA ATEMPORAL

Ao se concentrar em uma única rota, mantenha sempre os olhos abertos para alternativas. Às vezes, um desvio pode ser a melhor rota para atingir seu objetivo.

32

Observe os Sinais de Compras

Liderar um grande exército é o mesmo que liderar um pequeno:
é uma questão de sinais e indicações de comando.
— Sun Tzu

Eu costumava jantar com um vendedor de automóveis que fazia a seguinte pergunta ao garçom: "Se eu pudesse lhe mostrar um carro que você quisesse ter, por um preço que pudesse pagar, você estaria interessado?" Fazer essa pergunta a uma pessoa que ele mal conhecia era unir a prospecção com a qualificação. Não, ele não estava vendendo, mas certamente estava iniciando o processo.

Fazer uma grande venda é o mesmo que fazer uma pequena; é uma questão de fazer o tipo de pergunta que leva aos sinais de compra. Quando você ouvir ou vir um sinal de compra, invista nele.

Quando o cliente faz uma pergunta do tipo "Você pode?", como em "Você pode trocar a cor?", isso é um sinal de compra. A resposta correta à pergunta do cliente não é "Sim" ou "Não". Na maioria das vezes, a resposta correta é uma versão de "Se eu puder, você (comprará)?".

Quando o cliente sinaliza seu interesse com "Você pode?", uma resposta "Sim" significa que você ainda tem de tentar fechar o pedido. Responda com a pergunta: "Se eu puder, você quer a entrega amanhã ou depois de amanhã?". Isso mostra um acordo em relação ao pedido. Você sutilmente indagou se o cliente fechará a compra caso você possa suprir sua exigência.

Se você já sabe que pode cumprir os requisitos, a pergunta "Se eu puder, já podemos...?" pode ser uma ótima maneira de fechar a venda. Se o cliente concordar que a compra será fechada se você preencher os requisitos, pode ser melhor dizer que ligará dando a resposta. Uma reposta afirmativa imediata talvez não seja a melhor opção.

O acordo imediato também pode criar uma situação em que o cliente pense que a barreira foi superada com muita facilidade – resultando na terrível doença conhecida como remorso do comprador. Quando eu estava comprando um terno na minha loja favorita, o vendedor me ofereceu manter o preço da liquidação da semana anterior. Encontrei dois ternos de que gostei e perguntei se podia conseguir um desconto melhor se comprasse os dois. Ele disse que precisaria confirmar. Observei que ele deu uma volta pela loja, olhou pela janela e voltou com uma resposta afirmativa. Ao fazer parecer que a transação precisava de aprovação superior, ele deu a impressão de que o negócio era ainda melhor.

"Se eu puder, já podemos...?" funciona melhor quando o vendedor sabe que o pedido pode ser atendido. Isso também pode ser usado quando é realmente necessária a aprovação de um superior, mas somente se você acreditar que é o melhor caminho para a venda.

COMPROMETENDO-SE

Este é o teste para determinar se você descobriu necessidades suficientes. Você quer chegar a uma ação que feche a venda. A ação que você sugere é determinada pelo tipo de compromisso que está procurando. Aqui estão alguns compromissos que podem levá-lo a um acordo para a compra:

- Comparecer a uma demonstração
- Testar o produto
- Concordar com a próxima reunião
- Permitir uma análise das necessidades

- Solicitar a aprovação de uma autoridade superior
- Apresentar você aos tomadores de decisão

Durante sua argumentação, você deve usar um auxiliar de vendas chamado *pergunta indireta*. Uma pergunta indireta é uma pergunta breve que segue uma afirmação. Ela pede um acordo. Por exemplo, em vez de perguntar: "É isso que você quer?" diga: "Isso é o que você quer, não é?". O "não é" é a pergunta indireta que segue uma afirmação positiva. Isso pode levá-lo a fechar o pedido ou pode ser a pergunta que conclui a venda. Outras perguntas indiretas são frases como: "Você não concorda?", "Não poderia?", "Não seria?", "Não deveria?" Tenha cuidado com perguntas indiretas que se tornam hábitos irritantes de linguagem. Você ouve esses vícios em palavras repetidas com frequência, como "Certo" seguido por outro "Certo" seguido por uma sentença que termina em "Certo". Um "OK" repetitivo é outra pergunta indireta muito utilizada.

O momento mais importante de parar de falar é depois de ter feito uma pergunta de fechamento. Depois de você ter feito uma pergunta para fechar o pedido, a primeira pessoa que falar perde. Como não podemos tolerar o silêncio depois de uma pergunta, caímos na besteira de fazer um comentário idiota que normalmente tem origem na insegurança e na fraqueza. Nós imaginamos que o silêncio exija que digamos alguma coisa para fortalecer o ponto mais fraco, então fazemos perguntas do tipo: "Nosso preço está muito alto?" ou "Talvez você não goste do...?". Ao dar um sinal de fraqueza, o cliente responde imediatamente: "É isso". Além de ter de voltar à negociação de venda, agora você ainda tem de vender a partir de seu ponto mais fraco.

Quando você faz uma pergunta relativa ao
fechamento da compra e depois não fala
nada, o cliente só pode fazer uma destas
duas coisas: concordar em comprar
ou criar uma objeção.

Meus vendedores sempre têm cuidado para não quebrar essa regra de jeito nenhum; depois de fazer uma pergunta de fechamento, eles calam a boca! Em reuniões por telefone, já ficamos em silêncio durante minutos que pareceram horas, esperando que o possível cliente dissesse alguma coisa. Posteriormente, ríamos juntos porque sabíamos o que estava passando pela cabeça uns dos outros enquanto estávamos em silêncio. Conhecíamos a regra e sabíamos que nenhum de nós se atreveria a quebrar o silêncio. Em vendas, não existe pressão equivalente à pressão do silêncio depois de uma pergunta de fechamento.

A fim de o silêncio funcionar, certifique-se de que uma pergunta sólida tenha sido feita, tal como: "Você quer que a entrega seja na quarta-feira ou na quinta-feira?" Dizer: "Podemos entregar na quarta-feira ou na quinta- -feira" não é uma pergunta.

ASSUMINDO O ACORDO

Às vezes, você pode simplesmente começar a preencher o pedido de compra. Pergunte o nome completo, o endereço e assim por diante. Enquanto você puder continuar a preencher, o cliente está sinalizando seu acordo de compra.

O fechamento assumido é muito importante quando o cliente retorna por telefone ou pessoalmente. A tendência natural é perguntar se ele pensou melhor. Como isso pode ser uma abertura para o cliente expor um problema ou uma objeção, é muito melhor começar, de maneira suave, o processo de escrever o pedido imediatamente após encontrar ou cumprimentar o cliente. Isso faz com que o possível cliente tenha de interrompê-lo caso não esteja pronto para comprar.

OFERECENDO ALTERNATIVAS

O uso de uma alternativa de escolha sempre começa com a pergunta "Qual você prefere?" e é seguida de duas escolhas. Podem ser: "Qual você prefere: preto ou vermelho?" ou "simples ou luxo?" ou "cartão de crédito ou dinheiro?". Sempre ofereça à outra pessoa uma escolha entre duas coisas a seu favor. Por exemplo, se o possível cliente escolhe dinheiro ou cartão de crédito, isso não faz diferença para o vendedor. Nunca ofereça ao possível cliente a escolha entre fazer algo ou não fazê-lo. Se você o fizer, o cliente potencial vai optar por não fazer.

USANDO AMOSTRAS

Essa tática é usada quando a decisão de compra é precedida pela decisão de levar o produto para casa para experimentar. Quando o produto é uma "amostra", a venda é feita porque ninguém devolve uma amostra; nunca. Pense em como seu produto pode ser experimentado por intermédio de uma amostra que faça a venda.

Eu sempre gostei da variação do meu amigo Martin Trout para essa tática. Na época em que máquinas de lavar roupa não eram tão comuns, Trout parava na porta de um cliente potencial com uma máquina no porta--malas de seu caminhão e oferecia-a ao dono da casa para utilizá-la como demonstração. "A compra não é obrigatória", Trout dizia. "Só preciso fazer mais uma demonstração para completar a minha cota do mês".

Trout esperava algumas semanas e então parava em um vizinho para tomar um café. Durante a conversa, Trout mencionava que estava a caminho de casa ali perto para pegar a amostra. "Ah", era a resposta, "acho que não vai precisar pegá-la, eles vão ficar com ela."

Trout ia até a casa do possível cliente e dizia que estava lá para retirar a máquina. Com um cumprimento amigável, ele se dirigia imediatamente ao porão. Trout dizia: "Os clientes me paravam antes que eu chegasse no primeiro degrau com a máquina porque queriam comprá-la". Ele nunca precisava baixar o preço.

Nolan Bushnell usava uma outra variação dessa tática. Tendo a matriz em São Francisco e a Costa Oeste como sua região, Bushnell fazia o dever de casa e determinava qual varejista ele queria que representasse seus produtos em diferentes cidades na sua região. Um varejista em Portland, Oregon, contou-me a história a seguir. Ele recebeu uma mensagem que simplesmente dizia: "Bushnell está chegando". Alguns dias depois, recebeu uma mensagem dizendo: "Bushnell está em Eureka". A cada dia, ele recebia uma nova mensagem mencionando o percurso do misterioso Bushnell costa acima. Um dia, o varejista recebeu uma caixa grande dizendo: "Entregue para Bushnell". Mais tarde, recebeu uma mensagem avisando: "Bushnell chegará às duas da tarde na quarta-feira".

Bushnell chegou pontualmente, pediu o pacote, abriu o produto, fez uma demonstração e conseguiu a conta. Como alguém recusaria essa abordagem de vendas, tão concentrada e determinada!

FAZENDO O BALANÇO DE BENJAMIN FRANKLIN

Quando um cliente potencial está tentando tomar uma decisão, conte esta história: "Sempre que Benjamin Franklin tinha uma decisão a tomar, queria fazer a coisa certa – assim como você. Ben pegava uma folha de papel em branco e fazia uma linha no meio. Depois, colocava 'Sim' no topo da coluna da esquerda e 'Não' no topo da coluna da direita. A seguir, fazia uma lista de todas as razões por que deveria e por que não deveria tomar a decisão. No final, comparava os resultados".

Vire o papel para que ele fique voltado para o possível cliente, entregue-lhe a caneta e diga: "Vamos pensar em todas as razões pelas quais deveríamos fazer isso". Então, ajude-o a fazer uma lista de razões para agir. Quando a lista de "sim" estiver completa, peça que o cliente liste os "nãos". Nessa hora, não ofereça nenhuma ajuda.

Logicamente, é difícil o possível cliente escrever as razões pelas quais não deveria comprar. Depois, é só uma questão de contar os sins e os nãos.

ENCONTRANDO UMA SITUAÇÃO SIMILAR

Primeiro, conte ao cliente uma situação similar em que o cliente *não* comprou e os problemas que teve como resultado. Depois, conte uma situação similar em que o cliente *comprou* e que benefícios obteve. Ao final, pergunte se ele quer obter benefícios similares.

APÓS UMA VENDA PERDIDA

Se não conseguir fazer uma venda, pergunte ao cliente se ele se importaria em dizer por que você perdeu a venda. Se o cliente lhe disser o porquê, peça desculpas por não ter atendido suas necessidades e explique o seu porquê.

CONCLUINDO COM UMA PERGUNTA MENOR

Simplesmente faça ao cliente uma pergunta de fechamento, seguida de uma questão menor, do tipo "Você quer usar a sua caneta ou a minha?" ou "Você quer a entrega na terça-feira ou na quarta-feira?".

TEM MAIS

Essa é apenas uma visão geral das maneiras de fechar uma venda. Existem livros inteiros repletos de informações excelentes sobre fechamentos. Se você fizer todas as outras coisas bem, o acordo para comprar será um resultado natural.

O primeiro passo importante é conseguir possíveis clientes para abastecer o funil. Os clientes potenciais são a essência vital das vendas. Depois de separar os possíveis clientes dos suspeitos, seu foco deve ser criar, maximizar e suprir as necessidades deles.

SABEDORIA ATEMPORAL

Faça as perguntas certas, e os possíveis clientes lhe darão informações para concluir a venda.

33
Construa a Longo Prazo

Vencer batalhas e capturar terras e cidades,
mas falhar ao consolidar essas realizações, é abominável
e pode ser descrito como uma grande perda de tempo e recursos.
— Sun Tzu

 Definimos um grande vendedor não como alguém que apenas faz vendas; um grande vendedor sempre converte possíveis clientes em clientes que compram com ele pelo resto da vida.

Como profissionais, vendemos a nós mesmos (o relacionamento), nossa empresa, nosso produto ou serviço e nosso valor agregado. Essas vendas nunca são desfeitas porque continuamos vendendo.

A abordagem da venda sem suporte não funciona mais. Para ter um diferencial, algumas empresas se concentram na dedicação por fornecer suporte aos seus produtos.

Em muitos casos, é o programa que vende o equipamento. Por exemplo, em uma loja de conveniência à beira de uma estrada, o programa de computador controla todo o estoque. Por causa da necessidade de integrar todas as lojas, a loja compra apenas equipamentos (como as bombas de gasolina) integrados ao sistema.

Os clientes querem fornecedores que possam oferecer uma ampla variedade de soluções aos seus negócios. Querem o serviço de uma equipe de pessoas que conheça seus processos e necessidades. O relacionamento resultante disso é chamado de *parceria*. Normalmente, um acordo formal de parceria é assinado. As duas partes entram em um relacionamento ganha-ganha e assumem um compromisso de ajuda mútua para reduzir os custos.

Ou seja, o fornecedor *ganha* um cliente fiel, e o cliente *ganha* um fornecedor comprometido em um relacionamento cooperativo que reduz os custos. Os profissionais de venda devem ser a chave para iniciar e gerenciar essa parceria.

Aqui estão algumas diretrizes para o fornecimento de serviços aos clientes:

- *Seja digno de confiança*. Seu cliente deve saber onde e como encontrar você. Retorne as ligações todos os dias antes do final do expediente.
- *Mantenha contato*. Ligações para saber se tudo está bem são bem-vindas e constroem bons negócios.
- *Quando algo der errado, entre em ação*. Essa é a oportunidade de provar seu valor ao cliente.
- *Agregue valor*. Seja um condutor de novas maneiras de extrair mais valor do seu produto ou serviço.
- *Vá além*. Descubra como dar ao cliente mais do que o dinheiro dele vale.

Seja fiel ao seu compromisso de satisfazer seus clientes. Você não quer ter clientes que não voltem. Trabalhe para manter cada cliente que você possa atender.

No escritório de uma construtora em Brinkley, Arkansas, um aviso na parede diz: "Os vencedores sempre querem fazer algo que os perdedores não querem". A proprietária não quer perder nenhum cliente. Ela diz: "Ao conquistar um cliente que é difícil de satisfazer, você ganha um forte aliado. São eles que falarão bem do bom trabalho que você faz".

Como linha de frente, o profissional de vendas deve ser o líder na prevenção contra a perda de clientes.

Sempre defino um *consumidor* como alguém com quem você entra em contato para vender e um *cliente* como alguém que o procura para comprar seus serviços. Isso não quer dizer que você deva esperar que os clientes o procurem. Para manter os clientes, você deve estar sempre em contato e sempre pedir *feedback*. Os clientes querem negociar com você porque tiveram boas experiências com seus serviços e acreditam que você os ajudará a melhorar os negócios.

SABEDORIA ATEMPORAL

Construa relacionamentos de longo prazo. As melhores vendas são aquelas em que você transforma consumidores em clientes.

Parte V

Sabedoria da Experiência Prática

SÁBIAS LIÇÕES

Matthew Densen

Gerente Geral, Norampac, Divisão de NYC

Aproximadamente seis meses depois de ter começado a trabalhar na estimativa de custos para um fabricante de caixas de papelão corrugado, o gerente de vendas entregou-me alguns cartões de visita e disse: "Não venha para o escritório amanhã. Vá visitar alguns clientes". Naquela noite, comprei uma pasta, em que zelosamente coloquei meus recém-impressos cartões de visita e uma fita métrica.

No dia seguinte, fui até um parque industrial local com a intenção de tornar-me um sucesso em vendas. Lembro-me de que demorei cerca de 45 minutos para superar o nervosismo, sair do carro e ir até o meu primeiro cliente potencial. Assim que me aproximei da porta, outro vendedor estava saindo do escritório. Ao sair, ele me disse: "Espero que não esteja tentando vender caixas de papelão corrugado. Esse comprador é um idiota". Essa foi minha introdução na arte das vendas.

Recebi conselhos de veteranos de vendas. Um disse que um ótimo modo de conseguir um bom cliente potencial era seguir o caminhão da concorrência. Tentei isso duas vezes. Na primeira vez, terminei no pátio de cargas do concorrente. Na outra, estacionei atrás de um trator que parou na frente de um prédio. Com o passar do tempo, descobri maneiras mais eficazes de identificar, contatar e fechar vendas. No entanto, sempre parecia muito difícil. Eu não possuía uma abordagem organizada e profissional para vender, e meus resultados sempre pareciam inconsistentes e casuais. Obviamente, tinha de haver uma maneira melhor.

Quando, pela primeira vez, me sugeriram que minhas vendas poderiam melhorar se eu estudasse os escritos de um general chinês que havia morrido dois milênios e meio atrás, fiquei, no mínimo, cético.

Sun Tzu nos ensina: "A guerra é uma questão de vital importância para o Estado; uma questão de vida ou morte, a estrada que leva à sobrevivência ou à ruína. Portanto, é imperativo estudá-la cuidadosamente".

Pouquíssimos de nós, em nossa vida diária normal, teremos de enfrentar a possibilidade de nos engajarmos em uma luta até a morte ou de carregar o fardo de comandar tropas durante uma batalha. Mesmo assim, as lições de Sun Tzu são tão relevantes para o vendedor bem-sucedido do século XXI quanto eram para os imperadores e generais há 2.500 anos. Para aqueles que procuram sobressair como vendedores profissionais hoje, o *estudo minucioso* ainda é imperativo.

De acordo com Sun Tzu, "o comandante que marca mais pontos durante os cálculos no templo, antes da guerra, terá maior probabilidade de vitória". Por isso, entendemos que um planejamento e uma preparação superiores são essenciais para a vitória. Durante meus anos como gerente de vendas e, mais tarde, como líder empresarial, tive muitas oportunidades de acompanhar vendedores em suas primeiras visitas a clientes potenciais. Quando chegávamos à nossa reunião com o cliente, antes de sair do carro eu fazia as seguintes perguntas sobre a visita que estava prestes a acontecer:

1. Qual é a nossa missão? Qual é o propósito dessa visita? O que esperamos conseguir?

2. Como você espera realizar essa missão? Especificamente, como planeja proceder?

3. Qual é o melhor resultado possível que podemos esperar conquistar com essa visita? O que você consideraria uma pontuação máxima?

4. Como sairemos com um pedido nas mãos? Qual será o próximo passo?

É inacreditável como muitos vendedores não conseguiam nem mesmo começar a responder a essas perguntas muito embora faltassem poucos minutos para entrar no escritório do possível cliente! Normalmente, os vendedores respondiam que nossa meta era fechar o pedido. Essa não é uma expectativa muito realista para uma primeira visita.

Uma visita de vendas, especialmente a primeira visita a um possível cliente, deve ser pensada e planejada como se fosse uma grande batalha que ameaça a sua vida. Como um general, um vendedor deve ter um objetivo claro em mente, uma estratégia de como alcançar tal objetivo e um conhecimento preciso do que constitui a vitória. De acordo com Sun Tzu: "Um exército vitorioso almeja suas vitórias antes de almejar a batalha.

Um exército destinado à derrota luta na *esperança* de vencer". Vendedores bem-sucedidos têm em mente objetivos estratégicos definidos para todas as visitas de venda. Quando um vendedor visita um possível cliente pela primeira vez, uma estratégia vencedora é descobrir as necessidades do cliente.

O livro *A Arte da Guerra* preocupa-se em preparar o general para sobrepujar o inimigo. Ter bom conhecimento das forças inimigas, de suas capacidades e de sua formação é um pré-requisito necessário para a vitória em uma batalha. Como diz Sun Tzu:

"Conheça o inimigo e conheça a si mesmo e poderá travar centenas de batalhas sem correr risco de derrota". A venda profissional não é diferente.

Em sua essência, a arte da venda é determinar as necessidades do cliente e, depois, adaptar suas capacidades e as da sua empresa a essas necessidades. Não é sempre uma tarefa tão direta quanto parece, já que muitas pessoas, quando indagadas sobre o que *precisam*, respondem com o que *querem*. Os clientes talvez estejam relutantes em divulgar suas necessidades reais, com medo de, ao fazê-lo, serem privados de uma vantagem na negociação.

Determinar as verdadeiras necessidades do cliente é o primeiro objetivo estratégico dos vendedores. A investigação eficaz é uma tática valiosa para atingir esse objetivo. Fazer perguntas que demonstrem um verdadeiro conhecimento sobre os negócios do cliente é uma habilidade básica e essencial do profissional de vendas. Faça perguntas suficientes, e o cliente lhe dirá o que você tem de fazer para vender para ele. Um vendedor deve manter uma lista de, pelo menos, cem informações úteis sobre um cliente e seu negócio. Para cada informação nessa lista, tenha três ou quatro perguntas possíveis para fazer com o objetivo de encorajar o possível cliente a falar sobre o negócio e suas necessidades.

É claro que não seria eficaz, nem o cliente gostaria disso, a submissão a um longo questionário. Algumas perguntas bem feitas podem fornecer informações valiosas sobre as necessidades do cliente. Certifique-se de fazer perguntas abertas, para que o cliente fale, e não você. Faça anotações para demonstrar que aquilo que o cliente está dizendo é importante para você. Fazer perguntas inteligentes indica que você tem interesse em aprender sobre os negócios dele.

A necessidade de um conhecimento preciso não é limitada a descobrir algo sobre o inimigo. De acordo com Sun Tzu, "se desconhecer o inimigo e a si mesmo, você certamente será derrotado em toda batalha". Um amplo entendimento das capacidades da sua própria empresa e de como elas se comparam às do seu concorrente é crucial para que você esteja em posição de derrotar o inimigo; nesse caso, a concorrência! Mantenha uma avaliação escrita dos pontos fortes e fracos dos seus concorrentes. Observe em que e como você os venceu com sucesso e em que eles o tiraram dos negócios. Essa informação será inestimável quando chegar o momento de preparar uma estratégia para suprir as necessidades do cliente.

Conhecer as necessidades do cliente, as capacidades da sua empresa e os pontos fortes e fracos dos seus concorrentes o colocará em uma posição excelente para desenvolver uma estratégia de vendas que fará com que você consiga o negócio. Como Sun Tzu aconselha: "Utilize muitos para derrubar poucos em um lugar selecionado". Concentre seus esforços onde você for mais capaz do que seus concorrentes e evite competir onde eles são mais fortes.

Seguir os conselhos de Sun Tzu ajudou a nossa empresa a aumentar consideravelmente sua fatia de mercado em um negócio muito competitivo. Implementar boas táticas de vendas que apoiam uma boa estratégia de marketing permitiu-nos sobreviver a muitas batalhas ao longo dos anos. Ocasionalmente, ainda fico tentado a seguir o caminhão do concorrente quando o vejo na rua, mas resisto. Estou muito ocupado trabalhando com clientes reais agora e, além disso, já vi pátios de caminhões de concorrentes demais!

AVALIE, ENTENDA E IMPLEMENTE

Ann Staup, Presidente
Direct Mail Services

Quando tive contato, pela primeira vez, com a aplicação de estratégias militares aos negócios, por intermédio de Gerald Michaelson, em 1980, devo admitir que o conceito realmente não ficou muito claro. Entretanto, vários anos depois, após participar de seminários de vendas e marketing e ler mais livros do que eu poderia contar, finalmente entendi. Na verdade, existem inúmeros livros sobre o assunto, livros que discutem objetivos, estratégias e táticas. Os livros sobre Sun Tzu escritos por Michaelson descrevem o trabalho de base necessário para o sucesso e fornecem informações em termos que são facilmente compreendidos.

Avaliar e entender não somente a mim mesma, mas também as necessidades e os objetivos dos funcionários e clientes é essencial para desenvolver estratégias e planejar táticas. Em minha pequena empresa, os funcionários são a parte mais importante da operação. Induzi-los às práticas e aos princípios corretos em tudo que fazem, mostrar o quanto eles são importantes para o sucesso da empresa e fornecer treinamento constante ajuda a construir o trabalho em equipe necessário para conservar os clientes existentes e conseguir novos. Essas atividades fazem parte de um todo para fazê-los sentir, não, fazê-los saber, que, sem eles, nenhuma venda pode ser concluída. Assim como um general não pode ser bem-sucedido sem suas tropas, nenhum negócio poder oferecer um produto de qualidade, com entrega no prazo, sem pessoas inteligentes e treinadas.

Avaliar as necessidades, os objetivos, os pontos fortes e fracos do cliente fornece as informações necessárias para o sucesso. Entender as capacidades e os serviços oferecidos faz com que a venda do serviço seja fácil. Entretanto, Sun Tzu ensina muito mais. Estabelecer os objetivos, definir o desafio, desenvolver o plano e agir são explicados em detalhes e em termos fáceis de entender e implementar.

Assim como na vida, nos negócios, a integridade e o profissionalismo também são essenciais. Determinar os valores, mostrar compromisso e ser positivo são chaves para o sucesso. Conhecer os concorrentes, seus pontos fracos e fortes, é essencial para estabelecer uma posição em que se possa operar. Sun Tzu nos ensina que, assim como na batalha, o que funcionou ontem pode não funcionar hoje. O aprendizado contínuo e a aquisição constante de novas ideias criam uma capacidade maior de reagir aos desafios de hoje.

Os princípios do livro *A Arte da Guerra* são sobre compreender a si mesmo, delegar poder aos outros, planejar as estratégias e implementar as táticas necessárias para o sucesso nos negócios e na vida.

PLANEJE, VENDA E VENÇA

Joseph G. Peca, Gerente de Projetos
Metso Automation USA

Aquele que está bem preparado,
e espera pelo inimigo que não está bem preparado, vencerá.
Coloque-os em uma situação
em que não exista escapatória e eles demonstrarão uma coragem imortal.
Aquele que entende
como lidar com as forças superiores e inferiores vencerá.
— Sun Tzu

Quantas vezes já ouvimos falar que precisamos de sorte ou de um milagre para atingir um objetivo? Em 1980, vinte universitários sob a orientação de um brilhante estrategista alcançaram o impensável – a chocante derrota do time da União Soviética de hóquei no gelo para o time olímpico americano. Essa vitória improvável veio duas semanas após a União Soviética vencer os Estados Unidos por dez gols no campeonato pré-olímpico. Foi um milagre. Foi sorte. Ao contrário, foi um modelo de excelente preparação administrativa para desenvolver a estratégia: uma venda bem-sucedida do conceito ao time e a execução metódica do plano. Foi puro Sun Tzu.

Um juiz profissional de hóquei me disse algo que lembro até hoje: "Sorte não é nada mais que a oportunidade encontrando a preparação".

Tive sorte o suficiente para experimentar pessoalmente o milagre e a sorte tanto na minha carreira profissional como no meu *hobby* de técnico de atletas. Por ter atingido essas realizações antes de ler Sun Tzu, percebo agora que minhas realizações pessoais "miraculosas e sortudas" foram alcançadas usando, sem saber, diversos conceitos de Sun Tzu.

A EQUIPE DOS NEGÓCIOS

Eu trabalhava em uma empresa que recebeu o maior contrato nacional da nossa história. Fui designado como gerente de projetos e ajudei a selecionar criteriosamente uma equipe para elaborar e entregar um sistema muito complexo de alta tecnologia. O produto não havia sido desenvolvido, as multas por atrasos eram altas e precisávamos impressionar o novo dono. Todos sabíamos que tínhamos de conseguir. Eu tive de vender à equipe a ideia de fazer o necessário para concluir o trabalho, e tive de vender ao cliente o nosso desempenho.

O plano foi desenvolvido e vendido à equipe de projetos. A guerra foi vencida porque nossa empresa e o cliente atingiram seus respectivos objetivos. Mal sabia eu que, ao final desse projeto, estaria frente a frente com um desafio comparável e igualmente monumental fora da minha carreira profissional.

O TIME ESPORTIVO

Ser técnico de um time de hóquei do colegial foi difícil, mas fomos qualificados para as finais e ficamos na 15ª posição do *ranking*. Quando competimos com o segundo na classificação, nossa estratégia de defesa funcionou quase perfeitamente. Nossa linha mais fraca reclamou por não ter sido escalada. Nossos adversários empataram o jogo quando faltavam três minutos para terminar o último tempo. Na prorrogação, perdemos por morte súbita quando, apesar das recomendações do meu primeiro assistente, escalei nossa linha mais fraca logo no começo da prorrogação. Como meu assistente disse no dia seguinte à nossa derrota: "Você tinha o sistema certo em funcionamento, mas usou o coração na prorrogação". Ele acertou. Eu tinha resolvido apenas metade da equação. O plano era quase perfeito, mas eu não tinha vendido ao time os sacrifícios que teríamos de fazer. Eu me senti obrigado a usar jogadores mais fracos no momento crucial do jogo.

Eu me candidatei a treinar o time por mais uma temporada. Nosso time era menor em número e parecia mais fraco que no ano anterior. Em uma partida no meio da temporada, fomos derrotados por uma escola particular da região, Archbishop Carroll, por 10 a 0. (O jogo terminou mais cedo no último tempo por causa da regra que encerra o jogo quando um time está perdendo por dez gols.) Depois desse jogo, ficamos muito desmotivados. Fiquei muito bravo com os jogadores; os jogadores estavam bravos entre si e comigo. Nosso goleiro ficou bravo com o mundo.

Decidi convocar alguns jogadores habilidosos da escola. As crianças finalmente começaram a entender o sistema que estávamos empregando e os sacrifícios que teríamos de fazer na próxima temporada. As reclamações sobre a escalação diminuíram bastante até cessarem.

Nossa vitória de 10 a 2 sobre um adversário no final da temporada nos deu confiança suficiente para as partidas finais, que foram formidáveis. Chegamos bem perto da perfeição no primeiro tempo, ganhando de 2 a 0. Chocamos outro adversário com quatro gols logo no começo do jogo, e eles não conseguiram se recuperar. Ganhamos de 5 a 2.

Nós nos preparamos para o jogo final, na noite seguinte. Nosso adversário era o Archbishop Carroll, o mesmo time que nos venceu por dez gols pouco antes do Natal. Tirei um dia de folga no trabalho para me preparar para o maior jogo da minha carreira de técnico. Nosso adversário estava invicto e sem empates, com dezesseis vitórias consecutivas. Tínhamos oito vitórias, seis derrotas e dois empates. Dizer que estávamos encarando um desafio incrível é muito pouco. Era um dia horrível, frio e chuvoso, e eu esperava que isso não fosse um mau presságio para o jogo. Nosso plano de jogo era básico: ter uma defesa fechada, colocar nossos melhores jogadores marcando os melhores deles, ficar próximo à rede e aproveitar as poucas oportunidades que teríamos. Nossa única vantagem seria o elemento surpresa. Levando em consideração a vitória de 10 a 0 deles sobre nós, durante a temporada normal, eles não deviam estar nos levando muito a sério.

Quando chegamos ao local, o estádio estava lotado. Meu filho e eu nos olhamos chocados. Uma conversa com um membro da liga revelou sua surpresa – ele teve de verificar duas vezes para confirmar que estávamos classificados para a partida final do campeonato.

Enquanto preparávamos a escalação, nossos jogadores e equipe estavam sérios, mas relaxados. Eram bons sinais. A última coisa de que precisávamos era estar tão tensos a ponto de esquecer o que tínhamos de fazer. Minha preleção se concentrou no plano de jogo, nos acertos de linhas e no time olímpico americano de 1980 e sua derrota para a União Soviética em um amistoso, seguida pela virada fenomenal no torneio. Enfatizei que nossos adversários se lembrariam do time que venceram por dez gols, três meses antes. Os jogadores e os técnicos não estariam preparados para encarar nosso novo time.

Avisei o time de que a escalação seria ditada pelas situações de jogo e de que ninguém deveria levar para o lado pessoal caso não fosse colocado em jogo quando achasse que deveria. Eu não planejava cometer o mesmo erro que tinha cometido no ano anterior.

As crianças foram para o rinque para cinco minutos de aquecimento. Enquanto entravam, observei os jogadores do outro time demonstrando suas rápidas habilidades e novamente me perguntei se conseguiríamos. O jogo começou, nossos jogadores mantiveram o plano e rapidamente percebemos que estava funcionando, embora o outro time, como esperado, tivesse as melhores jogadas ofensivas. No final do primeiro tempo, o placar estava 0 a 0. No banco, durante o intervalo, ouvimos o treinador do Carroll gritando com seus jogadores e fiz questão de que as crianças ouvissem. Eu os parabenizei pelo desempenho durante o primeiro tempo e lembrei-os de continuar com o plano.

O time do Carroll marcou o primeiro gol na metade do segundo tempo, o que os levou a uma vantagem de 1 a 0. Surpreendentemente, ninguém entrou em pânico. Depois de fazermos duas tentativas seguidas de ataque, defendidas pelo goleiro deles, disse às crianças no banco de reservas que daria uma última chance para a linha antes de mudar a escalação. A terceira oportunidade foi mágica. Empatamos em 1 a 1 no final do segundo tempo.

Enquanto nos preparávamos para o terceiro tempo, todos permaneceram relaxados no banco. Minhas únicas palavras foram "Continuem jogando o jogo de vocês". Enquanto isso, o técnico adversário estava aos berros com seus jogadores, implorando para que acabassem conosco. Era como a cena clássica do filme *Rocky*, em que o técnico do Apollo gritava com ele: "Derrube-o para podermos ir para casa". Nossas crianças estavam cada vez mais confiantes. Embora o tempo de jogo não estivesse igualmente distribuído entre os jogadores, ninguém reclamou, porque eles perceberam que cada um estava contribuindo à sua maneira. Todos estavam seguindo o plano de jogo à risca, e estávamos a 15 minutos da virada do milênio.

Desempatamos a três minutos do final. Os adversários pediram tempo. Sabíamos que estávamos prestes a encarar uma investida violenta e que necessitaríamos de disciplina e calma para chegarmos vivos ao final. Como esperado, eles jogaram pesado e empataram quando faltavam dois minutos. Pedi tempo e avisei as crianças de que tínhamos atingido um de nossos objetivos: ficar próximo no placar. Agora estávamos na posição de vencer se não mudássemos nosso jogo.

Os dois times jogaram cautelosamente até o final do jogo e voltamos ao vestiário, enquanto o gelo era refeito para a prorrogação por morte súbita. A cena no nosso vestiário era inacreditável. As crianças estavam relaxadas e brincando quando lembrei a elas que toda a pressão estava no time que estava no outro vestiário. "Eles estão morrendo de medo", disse a elas. Antes de voltar ao rinque, comecei a explicar que voltaríamos às nossas duas linhas principais. Antes que pudesse terminar, nosso capitão, que era jogador da terceira linha, educadamente me interrompeu para avisar que todos concordavam com a decisão e que ele não se importava de não jogar na prorrogação para ganhar. Os outros jogadores menos qualificados concordaram.

Quando voltamos ao banco, eu estava nervoso porque tivemos um outro time na corda bamba no ano anterior e deixamos escapar com um gol no fim do tempo regulamentar e um na prorrogação. Se eu conseguisse lidar com duas derrotas por morte súbita consecutivas, esse poderia ser meu epitáfio. Relaxei, lembrando a mim mesmo que não deveria sofrer por deixar alguns jogadores no banco. Esta era a segunda chance que eu queria, e eu queria fazer certo.

Nossa primeira linha começou a prorrogação, e, depois de uma pequena escalação da segunda linha, voltei para nossa linha principal. Como no segundo tempo, novamente decidi deixar nossa linha principal no rinque para levar o jogo para a lateral direita da rede do Carroll. Eu sabia que teríamos de marcar logo porque era apenas uma questão de tempo para que o Carroll acabasse conosco com toda a sua habilidade em prorrogações.

O juiz arremessou o disco. Nosso jogador empurrou o disco para a área, uns três metros aproximadamente da rede, e esperou que seu irmão bloqueasse a visão do goleiro. Então, ele atirou o disco em direção ao gol. Em pé no banco, no lado oposto do rinque, nenhum de nós viu o disco entrar na rede. Entretanto, não precisamos ver porque nossos jogadores estavam gritando no rinque, o juiz estava apontando a rede para confirmar o gol, e os adversários estavam com as cabeças baixas. A emoção do nosso banco era indescritível enquanto caminhávamos rumo ao outro lado do rinque, onde havia uma pilha exultante de nossos jogadores, em seus uniformes nas cores azul-marinho e azul-claro.

Quando nos alinhamos para o tradicional aperto de mãos após o jogo, nenhum dos times podia acreditar. Um perguntava ao outro se aquilo estava realmente acontecendo; o outro time ainda tinha a esperança de tudo não passar de um pesadelo.

Naquele ano, fizemos tudo certo: um plano de jogo perfeito, uma venda bem-sucedida ao time e a mais improvável de todas as vitórias. Dois dias depois, o *site* do nosso adversário noticiava o ótimo ano que acabou de maneira triste nas mãos de nossa mágica de final de temporada. Hoje percebo que a nossa mágica, como aquela do time olímpico americano de 1980, seguiu estes três axiomas:

Aquele que está bem preparado,
e espera pelo inimigo que não está bem
preparado, vencerá.

Coloque-os em uma situação
em que não exista escapatória e eles
demonstrarão uma coragem imortal.

Aquele que entende
como lidar com as forças superiores e
inferiores vencerá.